AF249924

LE PETIT

PORTE-BONHEUR

DOMESTIQUE

OU

LE SECRET D'ÊTRE HEUREUSE

DÉDIÉ AUX JEUNES MARIÉES

par H de W.

EN VENTE CHEZ

WILLEMOTTE

8, Rue de l'Odéon, PARIS

LE

PETIT PORTE-BONHEUR DOMESTIQUE

PREMIÈRE LETTRE

L'INTÉRIEUR

Bien des petites choses auxquelles on ne pense pas.

Pour faire un doux nid de mousse
Il faut butiner tous les jours,
Il faut de la plume bien douce
Beaucoup de soins, beaucoup d'amour

En me faisant part de votre mariage, vous me demandez ma chère enfant, de vous aider de mes conseils dans la nouvelle vie qui commence pour vous. Je ne demande pas mieux que d'essayer ; mais vous n'ignorez pas qu'il y a là surtout une question de tact et d'expérience, et qu'il est difficile de vous tracer une ligne de conduite exacte et invariable. Nous nous contenterons donc d'esquisser en règle générale les principaux devoirs de la mère de famille, et d'étudier ensemble les moyens d'organiser le mieux possible votre petit intérieur, nous réservant de les modifier suivant les besoins et les circonstances.

1

Peu favorisée du côté de la fortune, vous devez vous préoccuper avant tout d'éviter la gène, cette cause si fréquente de tracas, de soucis, quelquefois de désunion dans les ménages. Vous y avez pensé, du reste, puisqu'en me disant que votre mari ne gagne encore que 2,000 francs par an, vous vous demandez déjà s'il est possible que deux personnes vivent honorablement avec si peu de chose. Les ouvriers, ajoutez-vous, sont plus rétribués, car il en est qui gagnent 9 et 10 francs par jour, et nous..... D'abord, il y a là de votre part une petite erreur que je tiens à rectifier : 10 francs, c'est le *maximum*, ou à peu près; la moyenne touche 7 à 8 francs, soit 50 francs par semaine avec les heures supplémentaires; mais il y a les dimanches, fêtes et chômages qui réduisent certainement le tout à 1,800 ou 2,000 francs par an *au plus*. Femmes d'ouvriers ou d'employés subalternes, nous devons donc savoir nous arranger avec cela. Sans doute ce n'est pas commode, dans une grande ville surtout, où la vie est difficile, les vivres chers, les loyers hors de prix; mais *c'est possible*..... à condition de le *vouloir*, et de savoir s'y prendre. C'est d'abord affaire d'organisation et de *commencement*, ensuite de persévérance dans les habitudes.

Pour vous le prouver, je suis obligée d'entrer dans quelques détails précis et intimes de votre vie privée, mais vous me pardonnerez cette infraction à l'étiquette, le sujet que nous traitons étant essentiellement familier. Nous autres femmes, d'ailleurs ne sommes-nous pas destinées à vivre dans les petites choses?.....

Commençons, si vous voulez, par parler du loyer, cette dépense principale des petits ménages, la seule invariable et irréductible, et qui tous les trois mois revient grever le budget avec une si désolante régularité. Elle est d'autant plus essentielle que suivant son importance, elle entraine à sa suite, contributions, étrennes, chauffage, et une foule d'autres charges ruineuses pour les petites bourses. Son chiffre, autant que possible, ne doit pas excéder le *cinquième* de votre revenu annuel; soit pour vous, 350 à 400 francs *au plus*. Mais, me direz-vous, pourrons-nous jamais nous loger avec cela. Luxueusement, non; mais décemment et confortablement, même, si l'on se donne la peine de chercher et de choisir. Bien entendu il ne faudra pas songer aux grands quartiers, ni aux habitations riches et élégantes. Mais vous trouverez dans les faubourgs, ou même dans le centre de la ville, sur les quais ou dans les rues adjacentes, des petits logements composés de deux ou trois pièces, très suffisants pour deux personnes, et dont vous pourrez avec un peu de goût et d'entendement, faire quelque chose de très habitable et de coquet. Ne craignez pas de monter quelques étages; cet inconvénient serait compensé, et au-delà par l'air, la lumière et la salubrité qui manquent aux rez-de-chaussée, souvent humides, sombres et malsains. Ne vous pressez pas dans le choix du logement; voyez-en plusieurs, et lorsque l'un d'eux vous plaira particulièrement, visitez-le plusieurs fois, et placez, en imagination chaque meuble ou chaque objet à la place que vous lui destinez; au besoin, prenez quelques mesures, votre emménagement ainsi se fera plus facilement, et vous vous éviterez des surprises désagréables. Si vos meubles ne sont pas achetés encore, permettez-moi ici un conseil. Évitez autant que possible les achats par *abonnement*. Tout crédit se paie, et c'est une grave erreur de croire que parce que l'on paie petit à petit, on ne s'en aperçoit pas; il vaudrait mieux dire que l'on n'y *pense pas*, et c'est là le grand tort. Il m'arriva, étant fami-

lière dans une maison, d'assister à une petite scène d'intérieur assez pénible. On était fort tourmenté depuis huit jours :
50 francs manquaient pour la fameuse échéance du terme, et
l'on avait affaire à un propriétaire intraitable. Cependant,
deux livrets d'abonnement traînaient sur la table. On payait
à chacun 2 francs par semaine; peu de chose, sans doute.....
mais je ne pus m'empêcher de faire ce calcul et cette réflexion :
depuis trois mois, on a versé ici, juste les 50 francs qui
font aujourd'hui si grande faute, et les bijoux, au moins su-
perflus, que l'on a payés ainsi bien au-dessus de leur valeur,
sont engagés pour une somme dérisoire, avant même d'avoir
été portés.....

Donc, évitez le crédit, au moins pour tout ce qui peut
attendre, et si vous n'avez pas d'autre moyen de vous pro-
curer les objets de première nécessité, ne vous engagez pas
dans votre situation actuelle pour plus de 10 à 12 francs par
mois, c'est tout ce que vous pouvez vous permettre. En
faisant vos acquisitions, je vous engage à donner la préférence aux petits modèles; dans les logements exigus, les
grands meubles sont encombrants, difficiles à placer et d'un
vilain effet. Pour la chambre à coucher, le palissandre uni
ou l'acajou, sont toujours très usités, et dans les prix abor-
dables (je vous ferai remarquer en passant, que le dernier
est d'un entretien plus facile). Le noyer avec filet noir,
moins cher que le chêne, est de fort bon goût, et de mise
dans les salles à manger, même dans les maisons aisées. Si
vous trouvez par hasard une *occasion* qui vous plaise, pro-
fitez-en, mais voyez d'abord si cet objet, comme bois et
comme nuance, est en rapport avec le reste de votre mobilier. Rien ne sent la misère ou le bric-à-brac comme les
meubles de provenance différente, et de nuances multiples,

criardes ou disparates entre elles. Pour les rideaux, tapis, dessus de lit ou de cheminée, choisissez une couleur unie, solide, toujours en rapport avec celle du papier et de l'étoffe des chaises, fauteuils, etc. Cependant, le mélange est permis dans les ouvrages de laine, tels que tapisseries, crochet, tapis ou coussins de mousse que je vous recommande si vous avez le temps de vous en occuper. Ce sont les plus jolis ornements d'une chambre de jeune femme, et ils lui donnent à peu de frais un air d'aisance. de bien être et même d'élégance relative. Le tulle grec, aujourd'hui très à la mode est plus avantageux et plus économique que l'interminable crochet de fil, et fait le plus joli effet pour rideaux de fenêtres dessus de lit, carrés de fauteuils, etc. Au surplus les journaux de mode vous fourniront à profusion, non-seulement les plus gracieux modèles, mais toutes les explications désirables pour leur exécution.

Votre installation faite, il faut songer à entretenir le tout en bon état. Il va sans dire que vos moyens ne vous permettent pas le luxe d'une femme de ménage, et je voudrais même vous voir économiser la petite dépense du frotteur. Cependant, vous tenez au parquet ciré, au moins pour la pièce principale, et je comprends cela, car le lavage est pénible, surtout en hiver, et produit une humidité désagréable. Vous pourrez l'éviter au moyen des encaustiques, très peu coûteux, d'un usage commode, et moins fatigant que la brosse et la cire ; en vous en servant régulièrement, et y passant journellement le chiffon de laine, vous conserverez à votre parquet et à vos meubles le brillant qui est le cachet de la propreté et de l'élégance. Vos rideaux, entretenus dans un état de fraîcheur permanente, quelques fleurs pendant l'été, une ou deux plantes d'appartement en hiver, achèveront de

donner à votre logis l'aspect riant, agréable et coquet qui
vous le feront envier par des intérieurs plus riches. Mais je
vous vois d'ici effrayée par la question du blanchissage, car
enfin, les rideaux, dessus de lit, etc., tout cela coûte fort
cher à repasser et à blanchir, et vous fera à la fin de chaque
mois des notes formidables. Rassurez-vous, il y a moyen de
s'arranger. Je ne voudrais pas vous imposer d'aller vous
même au lavoir; vos forces et votre situation peuvent ne pas
vous permettre cette corvée. Mais en dehors des petits objets
que l'on savonne facilement chez soi, rien ne vous empêche
de vous entendre avec une des laveuses qui en sont les habituées, et qui pour quelques sous vous rendra vos rideaux,
vos housses, vos jupons et vos camisoles aussi propres que
la blanchisseuse; laissez à cette dernière, si vous voulez, les
draps, les chemises et le linge de cuisine, et pour le reste,
empesez et repassez vous-même. Vous ferez, non seulement
une économie sensible, mais en même temps vous ménagerez
votre linge, trop souvent brûlé par le chlore, ou fatigué par
le blanchissage à la machine.

Passons maintenant aux vêtements. Je ne vous parle pas
du raccommodage, car je ne pense pas que vous ayez besoin
de personne pour vous aider dans une tâche aussi facile; je
me bornerai à vous recommander, pour chaque semaine au
moins, la visite minutieuse des effets et du linge, en vous
faisant observer qu'il est plus aisé de réparer un petit dom-
mage qu'un grand, et qu'il ne faut jamais attendre que l'usure
ou l'accroc soient apparents. Pour le neuf, c'est autre chose.
Tout le monde sait avec quelle facilité montent les notes des
couturières, même les plus modestes. Ici, il est regrettable
que vous n'ayiez pas suivi plus assidûment nos cours de
coupe et de couture; mais si vous ne pouvez vous passer

complètement de leur concours, il vous est toujours possible de faire simplement couper et apprêter votre confection et votre corsage, que vous terminerez ensuite sans peine à condition de l'essayer attentivement. Insensiblement vous acquerrez de l'habitude, et à l'aide de quelques bons patrons que l'on trouve d'ailleurs à très bon compte dans les maisons spéciales, vous parviendrez à tailler vous-même. Craignez-vous de gâcher votre étoffe? Commencez par couper et faufiler *complétement* la doublure même qui doit vous servir; en cas d'accident, le mal ne sera pas irréparable, et si vous réussissez, votre vêtement n'en ira que mieux, pourvu que vous preniez garde au *sens* de l'étoffe ou à la disposition du dessin, ce qui est absolument élémentaire. Je pourrais presque me dispenser de vous parler des chapeaux, qui comme vous le savez, se fanent, et ne s'usent pas. Ils sont très faciles à rafraîchir, surtout si l'on sait que le velours se nettoie avec de l'essence, et se repasse à l'envers, tendu sur un fer à repasser *debout*. Le ruban, la soie, reprennent leur nuance et leur fraîcheur dans l'alcali ou le vinaigre; la dentelle noire dans du thé et de la bière (1). Quant à leur forme et à leur façon de les garnir, un peu de goût, et d'attention aux vitrines des modistes, vous suffira, je pense, au moins pour vos chapeaux de fatigue. Peut-être vos toilettes n'auront-elles pas le cachet, l'élégance qui sont le privilège du métier, mais n'oubliez pas que vous avez à votre disposition *6 francs par jour :* de plus que le crédit, qui est toujours une

---

1. Si l'odeur de la benzine ne vous incommode pas, je vous en recommande l'emploi pour le nettoyage des vêtements de drap, étoffes de fantaisie, etc. Ai-je besoin de vous rappeler que les bas de laine, gilets ou ceintures de flanelle se lavent de préférence à l'eau froide?

imprudence, serait ici un cas de conscience, car vous avez affaire à une ouvrière qui le plus souvent compte absolument sur son travail, et qu'un manque de parole ou un retard peut mettre dans l'embarras. Sachez donc vous épargner, avec un peu d'adresse et d'activité, non seulement des façons onéreuses, mais encore les mille petites fournitures qui augmentent les notes; et que vous trouverez dans vos chiffons et vos robes hors d'usage. Une couturière consciencieuse m'a dit un jour qu'une femme économe n'achetait jamais de doublures, et très rarement des boutons, agraffes, rubans de taille et autres accessoires; il faut seulement avoir la patience de les découdre et de les faire resservir, et ne croyez pas qus toutes ces petites économies soient insignifiantes ou ridicules; répété souvent, tout compte et franchement rien n'est plus décevant pour une bonne ménagère, que de payer des notes de 50 à 60 francs pour un costume dont l'achat n'en coûte souvent que 15 à 20, surtout si l'on sait profiter des réclames et occasions très réelles que nous offrent les grands magasins à certaines époques de l'année.

Il ne suffit pas de confectionner et de raccommoder; ne pouvant renouveler souvent, il faut ménager. N'oubliez pas, en été principalement, le poivre, le camphre, et autres préservatifs, surtout si vous avez quelques fourrures, vêtements de drap ou de velours, etc.; sans quoi à l'entrée de l'hiver, les vers, mittes, et autres insectes destructeurs vous causeraient de tristes surprises. Les vêtements et robes confectionnés, doivent être non pliés, mais *accrochés*; et autant que possible à l'abri de l'humidité. Il est bon de les secouer, et même de les battre, deux fois au moins dans la saison où l'on ne s'en sert pas. Nous arrivons enfin à la question prosaïque, matérielle, mais indispensable de l'alimentation. Cette dépense toujours importante dans un petit ménage, doit être réglée sur ce qui vous restera au commencement de chaque mois, après que vous aurez *mis en réserve le douzième de votre loyer, et la petite somme nécessaire pour votre blanchissage et les emplettes les plus indispensables* (1). Ce qui reste, devez-vous dire, mais c'est qu'il reste bien peu de chose!.... Peu, mais assez, si vous savez vous y prendre. Avant tout, je voudrais vous voir éviter le travers coûteux et pitoyable de ces ménagères que l'on rencontre portant à travers les rues un litre de vin, une demi-livre de sucre, ou un boisseau de charbon achetés au jour le jour; non seulement cela sent le désordre et la misère, mais encore la marchandise prise ainsi, en petite quantité, revient beaucoup plus cher. Que votre cave et votre cuisine soient toujours pourvues pour un mois *au moins, à l'avance*, de combustible, de vin, ou autre boisson usuelle, de légumes secs, et même de grosse épicerie. (En passant, je vous recommande pour l'éclairage et le chauffage le coke et le pétrole, doublement avantageux sous le rapport de l'économie et de la propreté, à moins que vous ne soyez pourvue de l'installation du gaz, plus coûteux, mais d'une commodité incontestable). Consacrez à cet

---

1. Permettez-moi ici une petite recommandation toute morale. N'insistez pas auprès de votre mari pour tenir absolument la bourse, ce qui serait humiliant pour lui et pour vous. Il ne doit pas vous demander quinze centimes pour son tabac ou son journal, pas plus que vous ne devez avoir à lui réclamer chaque matin l'argent nécessaire à vos dépenses de la journée. Exigez qu'il vous donne chaque quinzaine ou chaque mois ce qu'il faut pour alimenter votre ménage, et sachant ce dont vous pouvez disposer, soyez assez adroite et assez économe pour arriver, et si c'est possible ménager de temps en temps une petite surprise..... Cela vaudra mieux que les continuels tiraillements d'argent qui finissent par amener les discussions et les cachoteries.

approvisionnement 30 à 40 francs tous les mois, et d'après ce qui vous reste réglez vos menues dépenses journalières de viande, légumes frais, etc. Ici, la grande économie consiste à *savoir acheter*. Adoptez au marché le plus voisin deux ou trois marchandes *toujours les mêmes,* ainsi que l'épicier et le boucher les plus accommodants du quartier, et évitez autant que possible de changer de fournisseurs; on sert toujours mieux une cliente assidue qu'une acheteuse de passage. Sans doute il faudra vous interdire, tant que vos ressources n'augmenteront pas, les primeurs, vins fins, desserts de choix et autres friandises; mais n'en prenant pas l'habitude, vous n'en sentirez pas la privation, et votre santé n'en souffrira pas, au contraire. La viande de boucherie, le poisson, les œufs à certaines époques de l'année, les légumes et les fruits, pourvu qu'ils *soient de saison,* constituent une nourriture saine, suffisante et peu coûteuse. Quant à la façon de les accommoder, je ne puis vous donner ici des recettes culinaires, d'ailleurs variables à l'infini, suivant les goûts, les habitudes et les ressources dont on peut disposer. Vous les trouverez dans le premier livre de cuisine qui vous tombera sous la main; je vous préviens seulement qu'en général ces recettes sont exigeantes et coûteuses, et ont besoin d'être modifiées. Mieux vaudrait vous en rapporter aux conseils d'une femme d'expérience: mais je ne vous engage pas à demander des leçons aux cuisinières de profession. Habituées à travailler pour des maisons riches, et à tailler dans le bien des maîtres, elles dépensent beaucoup et gâchent plus ou moins. Adressez-vous de préférence à une ménagère adroite mais *pauvre :* Celle-là vous donnera toutes les petites ruses du métier qui consistent surtout à faire bien, avec peu; elle vous apprendra par exemple, (mais d'une façon plus simple et moins coûteuse

que le livre qui porte ce titre,) *l'Art d'accommoder les restes*, et de ne rien perdre de ce qui peut être utilisé; elle pourra
vous dire que l'eau qui a servi à la cuisson des choux, des hari-
cots et des asperges, fait d'excellent bouillon; que la graisse
ou le beurre retiré de la poêle se met de côté pour être em-
ployée en friture; que les queues de cerises font une tisane
rafraichissante et agréable; et que dans les maisons où l'on
élève des animaux tels que poules, lapins, ou autres, on se
garde bien de jeter les épluchures, feuilles de choux, de salade, etc. Par elle, vous apprendrez enfin, que le principal
talent de la ménagère est de savoir tirer parti de tout.

C'est ici le lieu de vous prémunir contre les restaurants à
bon marché où beaucoup de jeunes ménages ont coutume de
s'approvisionner *pour aller plus vite*. Peut-être direz-vous
comme d'autres: Mais il faut que mon mari mange à l'heure;
on a tant à faire chez soi! et les marchands font attendre!
on n'en finit jamais! Permettez-moi de vous dire que si les
marchands vous font attendre, et si vous êtes ainsi accablée
de besogne, c'est que vous le voulez bien. J'ai eu pour femme de ménage une mère de famille, qui tout en me quittant
à midi, trouvait moyen de préparer et de servir le déjeuner
de ses deux enfants et de son mari, obligé de rentrer à une
heure juste à son atelier. Comment faites-vous? lui demandai-je, d'autant plus surprise que ses allures un peu lourdes
n'attestaient pas une grande vivacité. — Ah! Madame, faudrait pas que je fesse comme ma gamine qui remonte son
sixième trois ou quatre fois de suite quand je l'envoie en
commission, vu qu'elle a toujours oublié quelque chose. Moi
je ne fais jamais qu'une course parce que je sais d'avance ce
qu'il me faut, et puis je ne suis pas causeuse, et je ne flane
pas dans les boutiques; mais tout de même les marchands

me connaissent, et comme ils sont à peu près sur mon chemin, quand je viens pour mon ouvrage, en passant, j'entre commander mes provisions, et je les reprends toutes prêtes en m'en allant; comme cela je n'attends jamais. — Et il ne vous arrive jamais d'être trompée sur la quantité ou le poids? — Rarement, Madame; quand on a l'habitude d'acheter, on voit bien à peu près au coup d'œil; et ceux qui me tromperaient une fois savent bien qu'ils y perdraient. Et puis, chez moi, je m'arrange pour avoir tout sous la main. Le matin, avant de partir, je prépare mon feu ou ma lampe à esprit de vin, et au moment de s'en servir, je n'ai qu'à frotter une allumette et à mettre chauffer. Le soir, quand je fais un ragoût ou un morceau de rôti, j'ai toujours soin qu'il y en ait pour deux fois, de sorte qu'à midi, ça va tout seul. Deux fois par semaine, je mets le pot-au-feu; il fait son premier bouillon le temps de faire mon ménage et de me rechanger; je l'écume, et je le laisse finir tout seul sur deux ou trois morceaux de charbon de Paris; il n'en est pas plus mauvais. Les autres jours, dam! j'ai toujours une petite salade épluchée d'avance, ou quelques légumes cuits à l'eau, je les passe au beurre, avec un morceau de foie sauté ou une côtelette chacun; un peu de fromage et une goutte de café chaud par dessus, c'est suffisant, n'est-ce pas, et cela ne demande pas plus de cinq minutes. Que voulez-vous, Madame, on fait comme on peut, mais chez nous, on n'aime pas la gargotte. — Et vous avez bien raison, Annette; vous évitez à votre mari la nourriture malsaine, et les fréquentations, souvent plus malsaines encore de la crèmerie et du marchand de vins (1).

---

1. Ce n'est pas qu'il faille médire de ces établissements qui rendent de grands services dans la classe laborieuse, surtout aux céli-

— Bien sûr, Madame; et tout ça, voyez-vous, c'est le tout de bien prendre son ouvrage et ce n'est jamais qu'une habitude. On n'en est pas plus fatiguée au bout de sa journée: il faut toujours que les choses se fassent.

La vaillante femme disait vrai, il faut toujours que les choses se fassent, et les bien faire n'est qu'une habitude. Tous ces petits devoirs quotidiens sont toujours les mêmes, et il ne faut vraiment pas un grand effort d'imagination ni de mémoire pour se rappeler et prévoir les choses dont on a besoin journellement et à heure fixe. Il n'est certes pas plus difficile ni plus fatiguant, en faisant ses courses, de faire ses emplettes du même coup, en mettant sa table d'atteindre en même temps les assiettes, le pain et les couverts, etc.; de s'éviter enfin le piétinage énervant de ces pauvres maladroites qui tournent sans cesse sur elles-mêmes, font vingt fois le voyage d'une pièce à une autre, ne se rappelant jamais ce qu'elles cherchent, ce qu'elles veulent, ni où elles l'ont mis. On ne pense pas à tout, disent-elles en manière d'excuse..... Bien mauvaise en vérité, et admissible tout au plus chez de jeunes enfants.

Je voudrais aussi voir toutes les jeunes femmes écrire leur dépense. Beaucoup négligent de le faire sous prétexte que cela n'avance à rien, et que l'argent dépensé ne revient plus. C'est une erreur; il vous arrivera à vous comme à d'autres de vous laisser tenter par des fantaisies, bibelots de toilette ou autres, parties de plaisir etc., en vous disant que ce n'est qu'une dépense de quelques sous. Mais le chiffre *écrit* qui

bataires, et dont beaucoup sont consciencieux et donnent à leurs clients tout ce qu'ils « peuvent donner », vu la modicité de leurs prix. Je prétends seulement que pour ceux qui ont un intérieur, ce dernier est préférable sous tous les rapports.

vous sautera aux yeux à la fin du mois ou de la semaine,
vous restera dans l'esprit, vous fera toucher du doigt la différence toujours sensible pour les petites bourses; et si vous
êtes prudente, effrayée malgré vous, vous éviterez les occasions de dépenses, ou vous ferez en sorte de vous rattraper
sur quelque chose. Nous allons donc, si vous le voulez bien
terminer cette étude par une feuille détachée du carnet d'un
jeune ménage équilibrant son budget à peu près sur vos
propres ressources, c'est-à-dire 180 francs par mois.

Loyer, 350 francs, soit le douzième. Mis de côté. .	30 francs
Approvisionnement de chauffage, épicerie, vin pour le mois	40
Nourriture, dépense journalière	60
Blanchissage	10
	140 francs

Il vous reste comme vous voyez, 40 francs dont vous
pouvez avoir besoin pour les dépenses imprévues, et aussi
pour renouveler votre linge, vos vêtements ou vos chaussures. C'est à vous de ménager, de raccommoder et d'entretenir de votre mieux pour toucher le moins possible à cette
petite réserve.

Hélas! direz-vous, rien pour une partie de promenade le
dimanche, pour une soirée passée au dehors! nous n'aurons
donc jamais un moment de distraction ou de plaisir?

Jamais, ce serait dur; mais au moins serait-il prudent de
ne compter pour cela que sur les gratifications ou les heures

de travail supplémentaires ; à moins que vous n'ayiez l'adresse d'épargner encore quelque chose sur vos dépenses déjà bien restreintes. Et encore, il faut songer aux mauvais jours..... J'ai connu un ménage d'ouvriers, où il y avait sur un coin de la cheminée la tire-lire du *pharmacien*. On y mettait chaque semaine les quelques sous qui restaient sur l'argent de la semaine précédente, se promettant bien de n'y toucher qu'en cas d'accident, de maladie ou de chômage..... Ne trouvez-vous pas que l'idée a du bon (1)?

Voici, je crois, le moment de répondre à la question que vous me posez dans une de vos lettres ; savoir s'il vous est plus profitable de vous consacrer uniquement au soin de votre ménage, ou bien de reprendre vos occupations au dehors, en vous faisant aider par une petite bonne ou par une femme de ménage, cette dernière surtout ne devant vous coûter que 15 à 20 francs par mois. C'est à vous seule qu'appartient de résoudre ce problème en examinant si le gain rapporté par votre travail compensera la perte et le préjudice causés par votre absence. Elle vous coûtera 15 à 20 francs dites-vous? Comme gages, sans doute, mais avez-vous compté avec le reste? Permettez-moi de me faire comprendre par un exemple.

Il y a peu de jours, j'étais invitée à dîner chez une de mes anciennes élèves, jeune mariée de six mois. Comme je la complimentais sur un plat de dessert fort bien réussi, elle se mit à me vanter les mérites de sa femme de ménage, adroite, active, très propre, etc. Cependant, ajouta-t-elle, depuis que je l'occupe mes dépenses augmentent d'un tiers ; et je n'y

1. Ceci peut être remplacé aujourd'hui par les sociétés de prévoyance dont les règlements et les avantages sont suffisamment connus pour que l'on n'ait pas besoin d'y insister.

comprends rien, car je suis sûre qu'elle est scrupuleusement honnête. C'est fort possible, lui dis-je, mais..... me permettez vous de faire un tour dans votre cuisine? — Volontiers, fit-elle, en m'accompagnant. Là, je constatai d'un coup d'œil, que la cuisine était en effet propre et bien tenue, seulement... un énorme morceau de savon de Marseille fondait, oublié dans une terrine pleine d'eau; le charbon qu'on avait négligé d'éteindre, se consumait inutilement dans les deux trous du fourneau, en même temps que la lampe de cuisine montée outre mesure. Après lui avoir fait remarquer ce petit désordre, je voulus poursuivre l'expérience. Combien payez-vous vos œufs? demandai-je à la femme de service qui rentrait de course. — Trois sous, Madame, voyez s'ils sont beaux. — Ils sont beaux, en effet, néanmoins, je les trouve un peu chers; où donc vous fournissez-vous? — Chez la fruitière du coin; Madame peut s'assurer..... — Il ne s'agit pas de cela. Ponrquoi n'allez-vous pas au marché? Les jours d'arrivage par exemple, la marchandise y est toujours plus fraîche et moins chère; puis à l'heure de la cloche on fait souvent des emplettes avantageuses. — Je le sais bien, Madame; mais le marché est un peu loin; le matin, n'est-ce pas, je suis toujours pressée, et dame! on va toujours au plus court..... et puis, Madame, ça fait si peu de différence.

Sans doute, c'est peu, mais je vous l'ai dit déjà: répété souvent, tout compte, et les économies d'un ménage ne sont jamais insignifiantes parce qu'elles sont journalières. — N'allez pas croire pour cela, que je désapprouve votre intention, excellente d'ailleurs, de continuer à travailler de votre état. Je ne suis pas de l'avis, malheureusement trop répandu, que l'homme en sa qualité de chef de famille, doit fournir *exclusivement* aux besoins du ménage. L'indépendance, la dignité même de la femme exigent qu'elle sache se suffire et lutter pour son compte; qu'elle soit au moins à même de gagner sa vie, et au besoin, hélas! celle des autres. On ne saurait trop prévoir; nos maris ne sont-ils pas comme nous sujets aux maladies, chômages, accidents de toute sorte? et ne sont-elles pas vraiment à plaindre les incapables qui à l'heure critique ne trouvent en elles-mêmes aucune ressource pour conjurer le malheur et chasser la misère qui frappe au logis. Acceptez donc le travail qu'on vous offre, mais à la condition qu'il soit suffisamment rétribué pour compenser les désavantages que je viens de vous signaler. Surtout ne vous désintéressez jamais complètement de votre intérieur, ne vous relâchez pas de votre surveillance, la personne que vous occuperez serait-elle sérieuse, honnête, et ..... économe, ce qui est plus rare. Si vous avez le bonheur d'en rencontrer une qui réunisse ces qualités, empressez-vous de vous l'attacher; mais ici, permettez-moi encore quelques observations.

Presque toutes les jeunes femmes que je connais se plaignent de leurs domestiques; mais il faut bien le dire: si ces derniers laissent souvent à désirer, bien peu, parmi les maîtresses de maison, savent commander. La tâche est plus difficile qu'on ne pense, il faut parler aux serviteurs avec douceur, et fermeté, sans familiarité comme sans arrogance; quand il s'agit de les reprendre il faut surtout le faire avec le plus grand sang-froid, si l'on veut être obéie, et ..... respectée. Mais, me direz-vous, la mienne est impossible; je ne puis garder mon sang-froid en face de ses maladresses et de ses sottises continuelles. Si elle est absolument impossible, congédiez-la, mais soyez persuadée que vos cris et votre colère ne lui donneront ni l'adresse ni la bonne volonté qui lui manquent, et que rien n'est ridicule et humiliant comme une

3

dispute entre maîtres et serviteurs. Ne vous exposez pas aux mauvaises réponses que vous ne devez pas tolérer; pas davantage à cette réplique grossière mais méritée, que j'ai entendue dernièrement : « Madame ne sait pas ce qu'elle dit; pour un peu, Madame me commanderait bien de faire des omelettes sans œufs. » Le jour où votre bonne ferait cette réflexion, même mentale, c'en serait fait de votre autorité. Tachez donc que vos ordres soient clairs, précis, et... exécutables. Ne lui permettez pas davantage de vous apporter les cancans et commérages du quartier, qu'elle recommencerait, croyez-le bien, ailleurs, à vos dépens, et sans exagérer une fierté ridicule, laissez-lui ignorer autant que possible vos propres affaires. En un mot, tenez-vous strictement à votre place, si vous voulez qu'elle reste à la sienne, car en bonne conscience, vous ne pouvez exiger que cette femme qui vous est inférieure par l'éducation, ait plus que vous le sentiment du tact et des convenances.

J'allais omettre de répondre au passage de votre lettre, relatif à votre ancienne compagne Antoinette, qui, paraît-il, veut absolument *s'établir* aussitôt son mariage, parce qu'elle dit avoir pour le commerce un goût prononcé; mais elle néglige, tout en demandant conseil, de nous fixer sur le point essentiel : Quel genre de commerce? Si j'ai bonne mémoire, elle n'a jamais été très habile dans les ouvrages à l'aiguille; je vous engage donc à lui rappeler, que pour tenir un magasin (serait-ce même une simple boutique) de modes, confections, ganterie ou corsets, fleurs, plumes ou autres ouvrages de dames, il faut avant tout être du *métier*, si l'on ne veut se mettre à la merci d'une première qui non seulement se montrera exigeante, se sachant indispensable, mais qui peut encore laisser dans l'embarras en pleine saison pour peu qu'elle ait un intérêt quelconque, ou qu'elle se trouve empêchée par quelque chose. Que pour tout commerce de détail, tel qu'épicerie, confiserie, papeterie, mercerie, etc., il faut, sinon un apprentissage, au moins une grande routine, qui ne s'acquiert que par plusieurs années de pratique et d'expérience. Il faut d'abord savoir acheter et choisir sa marchandise, ce qui n'est pas toujours facile, puis pour la débiter mesurer, peser, enregistrer, bien et vite, sans se tromper, ni à son avantage ni à celui de l'acheteur. S'agit-il d'un café ou d'un hôtel? Aura-t-elle le tact et la fermeté nécessaires pour refuser le crédit souvent scabreux, surveiller et diriger les garçons plus ou moins consciencieux qu'elle aura à son service? Est-elle sûre enfin d'avoir toujours assez d'empire sur elle-même pour garder sur les lèvres le sourire stéréotypé des femmes commerçantes, qui savent dissimuler leur mauvaise humeur, au besoin refouler leurs larmes, pour faire bon visage au client ou à la cliente que l'on voudrait souvent voir... à tous les diables...; encore un petit supplice dont beaucoup ne se doutent pas. Si je vous dis tout cela, c'est moins pour la décourager que pour la faire réfléchir. Si son mari que je ne connais pas est bijoutier, cordonnier ou graveur, qu'il connaisse à fond son métier et veuille l'exercer pour son compte, rien de mieux. Antoinette a de l'ordre, de l'intelligence, une belle écriture, se mettra vite au courant des livres et de la correspondance; c'est certes, plus qu'il n'en faut pour réussir. Seulement s'il s'agit d'acquérir un établissement tout agencé, il serait prudent, dans tous les cas, d'y passer quelques semaines avant de s'engager définitivement, pour prendre le courant, faire connaissance avec la clientèle, comparer les recettes et les dépenses, et se rendre compte des difficultés, des inconvénients et des avantages de la situation. En admettant qu'ils la trouvent à leur convenance, ici encore il y a un écueil auquel se heurtent généralement ceux qui débutent dans les affaires : c'est l'échange des signatures, la stipulation nette et claire des échéances, des termes et de la durée du bail ; d'une foule de détails enfin, qui mal définis, peuvent amener les procès, la ruine, quelquefois même la faillite, qui sans être toujours une honte, est à coup sûr un malheur et une déchéance. Sait-on, par exemple, que pour tenir un hôtel, il faut une permission de police, et que pour l'obtenir, on doit être d'accord avec ses réglements souvent variables qui exigent que la maison présente telles ou telles garanties de solidité, de salubrité, de sécurité en cas d'incendie, etc., etc. Qu'un seul de ces détails laissant à désirer peut arrêter le travail dès le lendemain de l'acquisition? Que faire alors d'un établisement que l'on ne peut plus ni vendre, ni exploiter? Le mieux serait donc, avant de signer quoi que ce soit, de consulter un intermédiaire consciencieux, ou une personne compétente et *désintéressée*, ayant elle-même exercé le commerce que l'on veut entreprendre. C'est le seul moyen de s'éviter les amères leçons de l'expérience, qui là plus qu'ailleurs, peuvent avoir des conséquences irrémédiables. Je ne voudrais pas entreprendre de vous décrire ici les drames du petit commerce, que vous ignorez sans doute, n'y ayant jamais passé pour votre propre compte. Les grossièretés des créanciers et des fournisseurs, les exigences des propriétaires le plus souvent intraitables, les angoisses des échéances trop fortes et inexorables, se rapprochant d'heure en heure, sans qu'aucun secours vienne vous aider à conjurer le désastre ; plus encore, l'indifférence des amis, qui, vous ferment leur bourse et vous refusent leur aide, persuadés comme tant d'autres, que les gens *établis*, ne doivent avoir besoin de rien ni de personne. Car il est à remarquer, que par un préjugé déplorable, souvent injuste, tandis que les œuvres de bienfaisance, les sociétés de secours, les sympathies particulières, se multiplient et s'empressent autour de l'employé sans travail, de l'ouvrier frappé par la maladie ou le chômage, il n'y a rien, absolument rien, pour le commerçant malheureux qui ne sait pas faire ses affaires. Et ce n'est pas tout : Lorsqu'il n'y a plus de foin au râtelier..... vous savez le reste, n'est-ce pas? et c'est toujours vrai. Les époux, aigris, énervés par les tracasseries matérielles, se disputent, se boudent, s'en veulent, se rejetant l'un sur l'autre la faute et la responsabilité de la malechance qui les accable; et après la ruine pécuniaire survient fatalement le naufrage de la paix intérieure, de l'affection et de la confiance réciproque. Combien pensent à cela avant de s'engager dans une affaire douteuse? Combien se sont perdus ainsi, entraînés par cette fièvre d'ambition contagieuse, par cette maladie du *chez soi,* qui envahit les classes pauvres, juste au moment hélas, où le haut commerce absorbe de plus en plus le cœur des affaires, et paralyse presque forcément les petites entreprises, et tout cela sans que leur exemple même serve de leçon aux autres.

Au moment de vous expédier ma lettre, je reçois celle où vous m'annoncez l'heureux changement survenu dans votre situation. Je ne puis que m'en réjouir avec vous; mais ceci m'oblige à vous donner quelques conseils supplémentaires auxquels je n'avais pas songé jusqu'ici. Il est évident que l'avancement de votre mari étant dû en grande partie à l'appui de personnes influentes, vous ne pouvez faire autrement que d'entretenir des relations devenues indispensables, d'accepter et de rendre quelques invitations. Ayant fort peu l'habitude du monde, je comprends votre embarras; mais tout s'acquiert avec l'expérience et la bonne volonté. Acceptez d'abord le moins possible, pour ne pas augmenter outre mesure le chiffre de vos dépenses, mais répondez, quand il le faut, aux avances des personnes que votre refus désobligerait ou refroidirait à votre égard; profitez alors des dîners, soirées et réunions dont vous ferez partie, pour acquérir les connaissances qui vous manquent; ne perdez aucun détail, si vous ne voulez pas commettre d'impair lorsqu'il vous faudra recevoir à votre tour. Je n'ai pas à vous répéter ici les mille et une règles de la bienséance et du savoir-vivre, que l'on vous a certainement fait apprendre dès votre jeunesse; à défaut de mémoire, vous les trouveriez encore dans des ouvrages spéciaux; mais ces règles sont si multiples, si variables suivant les milieux et les circonstances, que le mieux est encore de s'en rapporter à ses propres observations. Par exemple, il n'est pas permis à une maîtresse de maison d'ignorer que le couteau et la cuillère se placent à la droite du convive, la fourchette à sa gauche; que la serviette affecte de préférence la forme conique, ou celle de l'éventail; que les vins fins se prennent dans des verres plus petits que ceux destinés au vin ordinaire, le champagne dans des coupes. On doit savoir aussi que les hors d'œuvre se servent après le potage, et avant le poisson; que la salade accompagne le plus souvent le roti, et qu'enfin les légumes viennent à la fin du repas, immédiatement avant les desserts, etc., etc. Mettez plus d'attention encore à observer la façon dont les maîtres et maîtresses de maison témoignent leur plus ou moins de déférence à leurs invités, suivant leur situation, leur âge, ou leurs relations mutuelles, car c'est là surtout où l'on s'expose à froisser les susceptibilités. De plus, ne perdez pas de vue que, malgré l'augmentation de votre petit budget, vous ne pourrez pas toujours lutter de luxe et de confort avec les familles qu'il vous faudra fréquenter, et qui, placées dans une situation plus aisée, ne sont pas comme vous obligées de. limiter leurs dépenses. Votre position, assez difficile sous ce rapport, vous oblige à être ingénieuse. Risquez vous le moins possible dans les dîners de cérémonie, toujours dispendieux, et qui de plus, exigent une installation et un matériel que vous pouvez ne pas avoir à votre disposition. Sauf le cas de force majeure, donnez la préférence aux petites sauteries intimes, ou bien encore aux bals blancs, ou matinées dansantes, surtout si vous avez parmi vos connaissances beaucoup de jeunes filles et même de jeunes femmes. Pour ces réunions, beaucoup moins onéreuses, il vous suffira de faire ample provision de glaces, punch, sirops d'orgeat, grenadine ou groseille, que l'on passe sur des plateaux, accompagnés de quelques gâteaux ou de petits fours, à l'intervalle de 3 ou 4 danses. Cependant, si le bal se prolonge, surtout la nuit, il est presque de rigueur d'y ajouter du bouillon, du chocolat, des sandwichs, et quelques vins fins pour réparer les forces des danseurs et surtout des danseuses. Le souper *debout* est encore très en usage et facile à organiser même dans un local restreint; il est servi d'avance sur un buffet ou dressoir, et se compose des mêmes rafraichissements que ceux du bal, avec un supplément de viandes froides et aliments substantiels. On y accompagne les convives tour à tour pendant les quelques minutes de repos. Si ces derniers sont jeunes, gais, ardents au plaisir, je vous recommande le *Cotillon*, peu coûteux et toujours divertissant, lorsqu'il est bien préparé et bien dirigé. Quelle que soit enfin la simplicité de votre intérieur, soyez persuadée que ceux qui s'y seront amusés emporteront toujours un bon souvenir de votre soirée, surtout si, comme je n'ai pas à en douter,

votre accueil a été gracieux, sympathique, et permettez-moi
d'ajouter.... naturel. Rien n'est gènant pour des invités comme
la tenue guindée, prétentieuse, l'exagération d'étiquette que
s'imposent certaines jeunes femmes sans expérience, croyant
faire preuve d'une éducation raffinée ; elles ne prouvent au
contraire que leur peu d'habitude du monde et leur embarras.
Remarquez encore à ce propos que la mise de la maîtresse
de la maison est toujours plus simple que celle de ses invités.
Je vous donne enfin ces quelques recommandations pour ce
qu'elles valent, c'est-à-dire pour une esquisse à grosses lignes
destinée à fixer votre attention et à guider vos observations
personnelles, m'en rapportant encore une fois à votre tact et
à votre bon goût pour tous les petits détails que je ne puis
prévoir.

Inutile de vous dire; n'est-ce pas, que tous les chiffres donnés plus haut au chapitre des dépenses, n'étaient qu'approxi-
matifs, et varient forcément avec votre nouvelle situation et
les obligations qu'elle vous impose. Beaucoup de détails d'ailleurs, se modifient suivant la saison, la cherté des vivres, les
goûts et les habitudes. C'est donc à vous seule qu'appartient
de régler sur ce point votre petit intérieur. J'insiste seulement
sur cette question essentielle pour vous : la prévoyance. Ne
dites jamais; nous avons trois mois pour payer; d'ici là on
verra. Ce que l'on verra, hélas, ce que l'on voit le plus souvent ce sont les indispositions, empèchements ou arrêts dans
le travail, qui augmentent les charges et diminuent les ressources; et rarement, bien rarement, il vous tombe du ciel
cette chance exceptionnelle sur laquelle vous comptez avec tant
d'assurance. Croyez-moi, évitez cette confiance exagérée
dans l'avenir. C'est la perte des ménages, et peut-être la plus
grande imprudence de la vie.

DEUXIÈME LETTRE

LE MARI

Dites-moi, voulez-vous être heureuse en ménage
— Pourquoi le demander ? J'en cherche le moyen.
— Il n'est pas loin de vous, ne perdez pas courage,
Je vous le trouverons ; si vous le voulez bien.

C'est maintenant que commence le plus difficile, le plus délicat et le plus scabreux de votre tâche... et de la mienne ; nous abordons la question morale, et franchement, comment voulez-vous que je vous conseille ? Je n'ai pas l'avantage, moi, de connaître celui dont va dépendre votre existence, et dont vous devez, avant tout, étudier le tempérament, le caractère, les penchants et les habitudes. Employez à cette étude, tout le tact, l'observation et la patience dont vous êtes capable, pour y conformer votre ligne de conduite, car de là dépendra la paix de votre intérieur, et l'avenir bon ou mauvais que vous avez à espérer ; croyez-moi, cela vaut la peine d'y penser. Vous devez vivre avec votre mari ; c'est désormais la chose inévitable, forcée et durable de votre existence, il faut donc tâcher de vivre sans acrimonie, sans discussions,

4

sans querelles, et si vous voulez être un peu heureuse, conserver cette affection mutuelle qui vous a rapprochés. Avez-vous lu, ou suivi quelques uns de ces tristes procès en séparation ou en divorce, qui, après des tiraillements sans nombre, viennent jeter le scandale dans les familles, et rompre à grand fracas des unions déjà anciennes? Vous avez dû remarquer que la cause la plus fréquente est celle-ci : *incompatibilité d'humeur.* Je me trompe, peut être ; mais je crois que lorsqu'il n'y a pas de raison plus grave, la faute le plus souvent, en est à la femme. Douée, d'une finesse et d'une pénétration plus grandes que celles de l'homme, celle-ci, si elle le veut bien peut éviter en grande partie les dissentiments d'intérieur qui ont de si tristes conséquences. Votre mari est-il violent ou emporté? Opposez-lui, je ne dis pas la résignation, mais le sang-froid et la patience. Est-il jaloux, ombrageux, d'un caractère difficile et fantasque? Ajoutez le moins d'importance possible à ses bizarreries d'humeur ; tournez-les en plaisanterie, si vous voulez, sans ironie et sans persistance ; mais surtout que rien dans votre conduite, ni même dans vos allures ne puisse donner prise au moindre soupçon, à la plus légère critique. Serait-il par hasard insouciant, faible, négligent en affaires? c'est autre chose : il vous faut stimuler son énergie et au besoin en avoir pour deux. En un mot, je vous le répète, voyez, observez, devinez et agissez en conséquence ; c'est-à-dire *accommodez-vous* des défauts que vous aurez découverts. Après tout, vous n'avez pas la prétention d'être parfaite, et il faudra bien qu'on supporte les vôtres. Si vous aimez réellement votre mari, la chose vous sera facile.

Je tiens cependant à vous indiquer quelques moyens qui réussissent auprès de tous les caractères, et auxquels tous les hommes en général sont plus ou moins sensibles. Soyons justes envers nos maris, nous surtout qui n'avons d'autre souci que les soins de notre ménage (Tant d'autres hélas, obligées à chercher dehors un salaire minime et durement gagné, ne peuvent même pas s'y consacrer!) ils ont, eux, la fatigue de la lutte pour la vie, le tracas des affaires, les ennuis du travail chez les autres; c'est bien le moins qu'en rentrant chez eux, ils trouvent le repos, le calme, et s'il est possible un peu de bien-être et de satisfaction. Je vous disais en commençant d'être coquette et soigneuse de votre petit intérieur, et je vous le répète, c'est nécessaire, car les objets extérieurs exercent sur nous une influence plus ou moins sensible; mais cela ne suffit pas, il faut l'être pour vous-même non par l'élégance et le luxe qui ne sont pas dans vos moyens, mais par un soin méticuleux, continuel de votre personne. Sans doute, la femme qui fait elle-même son ménage, ne peut être dès le matin, coiffée, habillée et pomponnée; mais le peignoir ou la matinée que vous enfilez à la hâte à votre lever, peuvent être plus ou moins bien ajustés à votre taille; leur nuance peut être toujours la plus avantageuse à votre teint, et vous pouvez surtout les entretenir dans un état de propreté relative. Vos cheveux, sans être encore peignés, ou frisés, peuvent être pris dans un filet et rejetés en arrière d'une certaine façon qui ne nuise pas à votre physionomie et ne vieillisse pas votre visage. Sachez-le bien; il y a des négligés qui embellissent la femme; cependant, une fois mariées, la plupart oublient cette coquetterie qui devient presqu'un devoir. Pourquoi?... et comment se fait-il que ce soient nous qui les premières amenions la désillusion et le désenchantement qui pourtant viennent bien assez vite?

Donc, dès le matin, soyez à votre avantage d'abord; ensuite, complaisante et attentive pour votre mari qui va commencer le labeur de la journée et pourvoir à vos besoins. Tâchez qu'il n'attende ni son déjeuner, ni ses vêtements, ni ses chaussures; pour ces dernières peut être même serait-il prudent de vous y prendre la veille, surtout si ses occupations l'obligent à sortir à une heure matinale. Restée seule, vous avez toute facilité de vaquer aux soins de votre ménage sur lesquels je n'ai pas à revenir.

Si la matinée ou le peignoir sont de mise le matin au moment des petites corvées journalières, il n'en est pas de même le soir. Dès l'après-midi, une femme soigneuse et active doit être, sinon habillée, du moins, en termes vulgaires, *rechangée*. Lorsque votre mari rentre définitivement, fatigué plus ou moins par sa journée de travail, qu'il vous trouve prête à le recevoir... et son logis aussi. Que votre toilette et votre ménage soient terminés; en été, les fleurs renouvelées, les fenêtres ouvertes, le couvert mis; en hiver, le feu allumé le dîner chaud; au besoin même, pensez aux pantoufles, à la robe de chambre, et si vous voulez m'en croire, au journal et au tabac à peu près inévitable..... dussiez-vous même vous y habituer difficilement. Mais me direz-vous, vous êtes peu généreuse pour votre sexe, vous exigez de nous des petits soins, des attentions qui sentent la servitude; n'y a-t-il pas là une humiliation et une déchéance? Non; *au contraire* c'est peut-être là ce qui fera votre force et votre autorité dans la vie commune, je vous le prouverai par la suite.

Tous vos efforts désormais doivent tendre à ce but: Retenir chez vous ce mari plus ou moins porté à chercher des distractions au dehors. Là est le grand écueil et le grand malheur des ménages, surtout des ménages pauvres. Donnez-lui dans son intérieur tout ce que vous pourrez lui donner; faites en un mot *qu'il se plaise chez lui*. Malgré cela, il y a des heures de lassitude, d'ennui involontaire, où comme l'on dit vulgairement on éprouve le besoin de prendre l'air, de changer de place. Alors, si votre mari vous *le demande,* ne refusez jamais de sortir avec lui, seriez-vous même fatiguée ou souffrante; savez-vous si ce n'est pas au'jourd'hui que livré à lui-même, et contrarié peut-être par votre refus, il trouvera sur son chemin la camaraderie funeste, ou la liaison fatale qui l'éloignera de vous à jamais? Ne marchandez pas les petits sacrifices, si vous voulez éviter les amertumes et les déceptions dans l'avenir.

Mais n'allez pas croire pour cela que je vous recommande de ne jamais laisser votre mari sortir seul; il y a certainement une foule de circonstances où vous ne pourrez l'accompagner. Les affaires d'abord, les visites à ses chefs ou à ses supérieurs, les relations forcées avec certains collègues, etc. Laissez-lui à cet égard toute liberté, et n'en montrez ni mauvaise humeur ni mécontentement. Abstenez-vous surtout de cette surveillance soupçonneuse et ridicule qui sent l'espionnage, et qui n'a guère d'autre résultat que d'aigrir les caractères, de porter à la taquinerie, quand elle ne prête pas à rire. Le meilleur pour conserver l'affection est encore, croyez-moi, l'abandon et la confiance. Quand ce moyen ne réussit pas, tous les autres sont inutiles ou mauvais.

Je vous ai dit que les petits soins recommandés plus haut ne blessaient en rien votre dignité; vous allez le comprendre. L'humiliation n'est pas dans le service rendu (vos enfants vous en réclameront bien d'autres!) elle est dans la soumission au commandement. Or, si vous ne voulez pas avoir à obéir, ne laissez pas le temps de commander, ni même d'exiger; allez au-devant, faites ce qu'il faut, et si vous voulez, de temps en temps (dans les circonstances graves), faites sentir, que si vous le faites, c'est que vous *le voulez bien*. Que votre mari, à la lettre, ne sache où trouver un mouchoir a. poche ni une paire de chaussettes : cela vous obligera à le servir, soit; mais dans les petites discussions, les petites bouderies, inévitables, hélas! dans les meilleurs ménages, cela l'obligera, lui, à revenir le *premier*... parce qu'il aura besoin de vous. Tous ces petits soins auxquels vous l'aurez habitué, lui manqueront le jour où pour une raison quelconque vous les oublierez volontairement; s'il se sent dans son tort, il s'amendera de lui-même, sans querelles, sans tapage, sans colère, et la victoire sera de votre côté; cela vaut bien un peu de dérangement et un peu de peine. Soyez maîtresse absolue de votre ménage et ne le laissez pas vous aider, lors même qu'il le voudrait, dans tous les détails qui ne dépassent pas vos forces physiques. Connaissez-vous quelque chose de plus ridicule que ces hommes que l'on voit revenir du marché les mains pleines, portant gauchement des provisions mal choisies, ou promenant de travers un balai qu'ils se gardent bien de passer sous les meubles ou dans les coins? Non, croyez-moi, ce n'est pas leur affaire; les hommes en ménage sont maladroits, encombrants, à moins qu'ils ne soient maniaques... Ce dont Dieu vous préserve! — Voulez-vous bien me permettre de terminer par deux petites anecdotes vraies, qui m'aideront à me faire comprendre? mais nous sommes entre femmes n'est-ce pas, et vous n'en direz rien... surtout à votre mari.

Une de mes amies, mariée depuis quelques mois, vit avec chagrin *Monsieur* se déranger de ses habitudes. Lui, si ponctuel d'ordinaire, rentrait en retard d'une demi-heure...

Un ami, un camarade (comme toujours) l'avait entraîné au café, en partie de billard..... (Le café, le billard, lorsqu'on gagne 2.000 francs par an!) Les premiers jours, la femme se contenta d'une réflexion timide, d'une observation indirecte, mais au bout d'une semaine, comme ia pendule annonçait trois quarts d'heure de retard, Monsieur rentra... mais il ne trouva ni les pantoufles, ni la robe de chambre... Le dîner était prêt, mais le couvert absent... Tu es bien en retard, aujourd'hui, il me semble, dit le mari, avec une nuance de mécontentement. — Moi?... du tout; il y a longtemps que le dîner est prêt; mais je ne pouvais pas deviner à quelle heure tu rentrerais. — Où donc sont *mes affaires?* — Quelles affaires? — Mais... ma robe de chambre?... — Elle est accrochée là-bas, au porte-manteau; prends-la toi-même. — Il mit un bon moment à la chercher, cette robe de chambre, tant il avait peu l'habitude de savoir où se mettaient ses affaires!... puis, n'osant demander ses pantoufles, il garda ses chaussures de ville, froides et mouillées. Après le dîner, il s'aperçut que le journal, la pipe, le tabac, tout avait été oublié. Tu ne m'as donc rien préparé, aujourd'hui?... — Quoi?... — Mais... mon journal, mon tabac... — Je n'y ai pas pensé, dit-elle, tranquillement, avec une affectation de froideur et d'insouciance. — Comment, pas pensé, mais tu y penses bien, *d'habitude?*... — Ah! je ne dis pas... mais puisque tu changes les tiennes *d'habitudes*, je n'y suis plus, moi; achète ton journal et prépare tes affaires... — Allons, voyons! si cela te fâche tant que cela... il fallait le dire... Je n'irai plus au café. — Il n'y alla plus, en effet, car le lendemain il était exact comme la pendule, et naturellement, tout était à sa place, comme *d'habitude.*

Seulement, le camarade flâneur, *l'ami*, le compagnon fatal,

mauvais génie de tant de ménages, revint quelques jours
après, comme on allait se mettre à table. Il venait chercher
Monsieur pour prendre l'absinthe, c'était convenu depuis le
matin. Je ne puis refuser, ma mignonne, tu ne m'en voudras
pas? dit le mari. — Du tout, du tout, vas, je mettrai le dîner
au chaud.

Le lendemain, la femme avait, sans rien dire, acheté un
demi-carafon d'absinthe; et comme *l'ami* revenait, encou-
ragé par le facile accueil de la veille, elle mit deux verres
sur la table, et dit très gracieusement à son mari : Puisque
tu aimes cela, il n'est pas nécessaire d'aller au café; il y en
aura toujours ici. Tiens, voilà le carafon, au surplus arran-
gez-vous, Messieurs, et asseyez-vous donc, je vous prie... —
Mais vous, Madame?... dit l'ami, surpris, et un peu confus.
— Moi, non, merci... l'odeur de l'absinthe me fait mal... —
Oh! mais alors!... pardon!... c'est un crime de notre part...
— Du tout, ne vous gênez pas, fit-elle en rentrant dans la
cuisine, mais sans inviter le camarade à dîner, ni chercher à
renouer la conversation. Inutile de dire que les deux messieurs, très attrapés, ne parlèrent plus d'absinthe, de café ni
de billard, et que tout rentra dans l'ordre. Mon amie avait
obtenu par son tact et son adresse plus que ne l'auraient fait
peut-être, toutes les scènes, les disputes et les remontrances
qui en pareil cas ne font souvent qu'aigrir l'humeur, refroidir
l'affection, et gâter la vie conjugale. Mais n'oubliez pas que
ces petits moyens qui réussissent généralement au début,
lorsqu'il n'y a pas d'habitude prise, ne vaudraient absolument rien six mois plus tard.

Il ne faudrait pas être cependant trop absolue ni trop exigeante. S'il est de votre devoir de vous montrer réservée et
froide envers l'intrus qui apporte le trouble dans votre inté-

rieur, il n'en est pas de même lorsqu'il s'agit des amis sérieux, et à plus forte raison des parents de votre mari. Envers ceux-là, vous ne serez jamais trop prévenante, trop hospitalière, ne vous inspireraient-ils par eux-mêmes qu'une médiocre sympathie. Si jamais votre mari venait à rompre avec ses proches, que ce ne soit pas par votre fait. Non seulement c'est une source de récriminations et de reproches, mais j'ajouterai que c'est d'un mauvais présage pour l'avenir. S'il brise si facilement les liens qui l'attachent à sa première famille, que fera-t-il de la seconde?

En parlant des contrariétés, des petits dissentiments d'intérieur malheureusement inévitables, laissez-moi vous supplier de..... garder pour vous vos chagrins domestiques. Croyez bien que ceux ou celles à qui vous ferez vos confidences n'y pourront absolument rien que de vous plaindre, et pour mon compte, je n'ai jamais aimé les condoléances inutiles, fussent-elles sincères. Bien au contraire, vous risquez d'aggraver les discussions souvent futiles, car les maris en général n'aiment pas à voir les étrangers se mêler de leurs affaires..... en quoi ils n'ont pas tort.

Je pourrais, à ce propos, vous citer l'exemple de Julie, l'ancienne cuisinière du pensionnat, qui, comme vous savez, avait installé non loin d'ici un petit établissement de bouillon, lequel paraissait au début devoir réussir et même prospérer. Comme j'en parlais hier à ma femme de ménage, très familière avec elle, celle-ci m'apprit avec beaucoup de chagrin que le petit commerce déclinait de jour en jour, et ne pourrait durer longtemps. — Cela me surprend beaucoup, lui dis-je, car enfin, Julie est active, économe, très propre, et de plus excellente cuisinière; n'est-ce pas tout ce qu'il faut pour une maison de ce genre? — Sans doute, Madame, mais je vais vóus dire: Julie, quoique bonne personne, est un peu vive; son mari aussi; et quand ils ont des mots ensemble, par malheur, c'est toujours devant le monde. Les clients qui paient comme de juste aiment à manger tranquilles! et beaucoup ne disent rien, mais ne reviennent plus. Il y en a d'autres qui rient derrière eux et s'amusent de leurs disputes. — Mais c'est toujours ainsi, croyez-le bien; le monde est peu sympathique aux petites tracasseries d'intérieur, et les tourne volontiers en ridicule. C'est méchant sans doute, mais quel plaisir aussi d'étaler ses misères aux yeux des indifférentsqui vous connaissent à peine, et ont bien assez de leurs propres affaires.

Je saisis l'occasion pour vous prémunir contre les relations de *voisinage,* trop fréquentes dans les maisons populaires ou même moyennes, et dont le moindre inconvénient est la perte de temps et le laisser-aller du ménage. Peut-être avez-vous déjà remarqué que ces fréquentations nouées au hasard se terminent le plus souvent par des cancans, des brouilles, quand elles n'amènent pas des querelles conjugales. Mais, me direz-vous, l'hiver est dur, les soirées sont longues, en travaillant en commun, on économise du chauffage, de la lumière, et à la fin de la saison, cela compte. Soit, mais les *politesses* inévitables, les petits cadeaux, les souhaits de fête, déjeuners ou dîners acceptés ou rendus, où l'on dépense toujours davantage *parce qu'on a du monde,* est-ce que celane compte pas? Sans parler de l'entrainement mutuel de ces messieurs au Café, au Cercle, ou ailleurs? Aimons notre intérieur, d'abord, si nous voulons le faire aimer à nos maris. — Au résumé, si vous m'avez bien comprise, soyez attentive, prévoyante, et... généreuse. Nous n'avons pas le choix, nous autres, femmes. Renoncement et oubli de nous-mêmes: sinon déception, isolement et abandon. De deux maux,ne faut-il pas choisir le moindre.

TROISIÈME LETTRE

L'ENFANT

Petit ange ou démon, ici que viens-tu faire ?
— Je cherche mon chemin, et m'en rapporte à vous.
— Soit je te conduirai, si cela peut te plaire,
Mais que me donnes-tu ? — Rien, vous me donnez tout.

Vous m'annoncez enfin la bonne nouvelle, et je le vois, vous acceptez avec bonheur la nouvelle tâche qui vous incombe ; vous avez raison : car si là encore il y a des sacrifices, les compensations sont larges, et les satisfactions immenses. D'après les bonnes dispositions que vous manifestez dans votre lettre, vous ne reculerez pas, je le vois, devant les fatigues de l'allaitement, ne voulant pas vous priver des premiers sourires, des premières caresses de cet enfant que vous aimez déjà et que vous attendez avec impatience. Ne pouvant multiplier les détails à l'infini, je n'entreprendrai pas ici de vous faire un cours d'hygiène, chose bien inutile d'ailleurs, car les brochures à ce sujet ne manquent pas, et sont à la portée de tout le monde. Après tout, le meilleur guide ne se trouve-t-il pas dans l'amour maternel, ce cri de la nature, si puissant, que les animaux même ne s'y trompent pas, et sans qu'on le leur ait appris, savent toujours ce qu'il faut aux petits êtres qu'ils doivent nourrir et protéger jusqu'à leur complet développement? Serions-nous donc plus embarrassées, nous qui avons de plus les lumières de la raison, et au besoin celles de la science? La femme de cœur, si jeune qu'elle soit, peut et doit être bonne mère. Cela ne veut pas dire pour cela que vous deviez négliger absolument les conseils des personnes plus expérimentées que vous. Je ne vous engage pas, quant à moi, à exagérer les précautions, erreur très commune chez les jeunes mères. Qu'y a-t-il d'étonnant que cet enfant maintenu dans un lit ou une chambre d'une température surchauffée, attrape un refroidissement à sa première sortie, pour peu que l'air soit humide ou variable? En agissant ainsi vous le rendez forcément délicat et susceptible. Si votre enfant est robuste et bien constitué, dès l'âge de 3 à 4 mois, il doit pouvoir supporter une goutte de pluie ou un peu de froid sans en être incommodé, de même qu'il devra plus tard s'habituer à toute sorte de nourriture pourvu qu'elle soit saine et digestive. Cependant on ne peut se faire de règle absolue; il faut compter avec la vie anormale des grandes villes qui affaiblit et anémie plus ou moins les tempéraments, même dès le jeune âge, et pour réparer le mal, il faut bien avoir recours à la science. Si votre enfant est chétif, sujet aux accidents ou aux indispositions, tâchez de vous adjoindre un médecin expérimenté, adroit, ayant surtout l'habitude des enfants, car, dans la médecine même, c'est presque un art spécial, vétilleux et difficile, que le soin de ces petits êtres qui peuvent à peine se plaindre, et ne savent pas indiquer leur mal. Quand vous en aurez trouvé un qui soit digne de votre confiance, à moins de circonstances très graves, n'en changez pas; conduisez-lui l'enfant au moindre symptôme inquiétant, informez-le des plus petits accidents que vous aurez observés, car si vous voulez qu'il vous conseille utilement, il est nécessaire qu'il *connaisse* son tempérament, et puisse suivre les progrès de son développement physique ; consultez-le dans tous les cas embarrassants ou douteux, et... comme dans l'évangile, faites tout ce qu'il vous dira.

Il n'est pas nécessaire, je pense, d'insister sur la propreté, cette condition essentielle de toute bonne hygiène ; les bains en général sont salutaires et recommandés ; mais leur fréquence, comme le degrès de leur température, doivent être proportionnés au tempérament de l'enfant. Là encore, vous ferez bien de prendre conseil.

Il se peut cependant que malgré toute votre bonne volonté, la nature vous refuse la satisfaction d'être vous-même la nourrice de votre enfant. Si son intérêt même exige de vous ce sacrifice, résignez-vous courageusement; mais choisissez avec soin l'étrangère qui va vous remplacer auprès de lui, et quelle que soit la confiance qu'elle vous inspire, éloignez votre enfant le moins possible; que la surveillance vous soit facile, et que vos visites soient fréquentes, irrégulières, et *inattendues*. Les journaux et les chroniques ne vous diront que trop à quelles terribles surprises s'exposent les mères négligentes qui, pendant des mois entiers, s'éloignent et se désintéressent de ce qu'elles ont de plus cher au monde.

L'allaitement au biberon peut réussir quelquefois, mais il demande toujours beaucoup de précautions. Le lait des vacheries, quoique naturel, peut être insuffisant et même nuisible, vu les mauvaises conditions où se trouvent les vaches laitières renfermées dans les grandes villes. Mieux vaudrait vous adresser à l'une des fermes situées aux alentours, de préférence celles qui fournissent les hôpitaux.

En vous disant de prendre conseil du médecin, chaque fois que vous aurez un sujet d'inquiétude, je n'entends pas qu'il faille multiplier vos visites à tout propos. Ce ne sera nullement nécessaire, pourvu que vous soyiez assez intelligente et assez attentive pour comprendre non seulement ses ordonnances, mais encore ses recommandations, de façon à pouvoir les appliquer vous-même, car hors le cas de maladie grave, les mêmes accidents se produisent généralement; pourvu surtout que vous ne perdiez pas la tête, et n'alliez pas, à la première alerte, consulter ..... les voisins, voisines et bonnes femmes.. Les convulsions, par exemple, font l'épouvante de toutes les mères; elles s'affoleraient moins si elles savaient qu'en général ces crises sont plus violentes que dangereuses; que la position horizontale, l'eau froide et les frictions suffisent le plus souvent à les calmer, lorsqu'elles n'ont pas de cause particulière. Le croup, plus effrayant encore, ferait moins de victimes si l'on gardait sa présence d'esprit. J'ai connu, pour ma part, une famille où trois enfants sur quatre avaient été atteints par la terrible maladie; aucun n'en est mort, grâce au sang-froid des parents et à la promptitude des secours.

Dès les premiers mois, vous pourrez suppléer à l'insuffisance de l'allaitement par des petits potages, tels que tapioca, semoule, etc., mais observez une augmentation lente et progressive; ne vous hâtez pas pour les aliments contenant des principes échauffants.

Puisque nous venons de parler maladie, c'est le moment de vous rappeler que la prudence la plus élémentaire vous oblige à avoir toujours sous la main la petite pharmacie de famille, c'est-à-dire du vinaigre, du vulnéraire, de l'acide phénique, de l'alcool camphré, de la farine de lin et de moutarde, du tilleul, du thé, de la fleur d'oranger, toutes choses enfin d'une application inoffensive, et qui peuvent rendre de grands services en cas d'évanouissements, chutes, brûlures, indigestions ou indispositions subites. Quant aux produits pharmaceutiques, contenant du laudanum, de l'opium, de la digitale, ou tout autre médicament violent, ils ne doivent être employés que sur ordonnance, et avec la plus grande circonspection.

Je vous disais en commençant de ne pas multiplier les précautions; il en est cependant qui sont obligatoires, telles par exemple, la régularité dans les habitudes. Tout le monde sait que les veillées prolongées sont nuisibles à cet âge. Il faut que l'enfant autant que possible, se couche, se lève, et prenne ses repas à des heures réglées et invariables, que sa nourriture soit proportionnée à ses forces, pas toujours à son appétit ou à ses caprices, car les enfants sous ce rapport, ne sont rien moins que raisonnables.

Ici, encore, il est difficile de déterminer d'une façon positive le choix des aliments, subordonné, comme tout autre chose, au tempéramment de l'enfant. En règle générale, le café, les liqueurs, les vins capiteux, sont plus ou moins échauffants et malsains. Si l'on en fait usage, le mieux est de faire quitter la table aux enfants aussitôt après le repas, pour ne pas tenter leur gourmandise, et s'épargner un refus pénible. On fera bien aussi d'éviter l'abus des pâtisseries qui fatiguent l'estomac, et des sucreries qui gâtent les dents, et coupent l'appétit.

Les vêtements doivent être larges, commodes, suffisamment chauds en hiver, mais sans exagération. Si la saison est rigoureuse, ayez soin de préserver les pieds du froid et de l'humidité. Lorsque l'enfant est en transpiration, méfiez-vous également des courants d'air et du passage brusque du chaud au froid. Il est inutile je pense, de vous faire remarquer que les pièces sombres et humides sont essentiellement dangereuses pour la vue et pour la santé en général, et que l'enfant, doit autant que possible habiter un logement clair et aéré.

Entre trois et quatre ans, suivant sa précocité, l'enfant commence à comprendre, à discerner et à se souvenir. Dès ce moment aussi, doit commencer son éducation morale, plus difficile, plus délicate, et au moins aussi importante que son éducation physique. Il vous faut maintenant connaître son *tempérament moral*, et là, vous n'avez plus le médecin pour vous aider dans votre tâche ; vous ne pouvez prendre conseil que de vous même, et dussé-je vous répéter souvent la même chose, c'est encore votre *tact* qui doit vous conduire, et vous apprendre de quel côté vous devez redresser et appuyer ce jeune arbre placé sous votre protection. Les enfants aussi différents au moral qu'au physique, exigent des soins et des façons d'agir, en rapport avec leur nature et leur caractère. L'enfant doué d'une grande sensibilité ou d'une forte dose d'amour-propre, se souviendra de la moindre humiliation, de la plus petite réprimande, tandis qu'avec un autre plus insouciant et plus léger il faudra employer des moyens plus sévères et punir sérieusement. En glissant sur ce sujet, je tiens à vous faire une recommandation importante. Lorsque vous serez obligée de gronder ou de sévir (chose malheureusement inévitable avec les meilleures natures), ne le faites jamais dans un moment d'impatience ou de contrariété. Croyez-le bien, l'enfant si jeune qu'il soit, s'en apercevrait et cela nuirait non-seulement à votre autorité, mais à l'ascendant moral que vous devez exercer sur son esprit. Que l'enfant se sente *toujours aimé*, et qu'il sache bien que s'il est puni, c'est parce qu'il a fait mal, et non parce qu'il vous a contrarié. Distinguez bien entre le fait et l'intention, entre une étourderie et une méchanceté, surtout entre une désobéissance et un entêtement ; si l'indulgence est permise et utile dans les premiers cas, dans les seconds, vous devez vous montrer inflexible. Habituez coûte que coûte, l'enfant à obéir ; à mesure que le permettra son intelligence, donnez-lui, si vous voulez, les raisons de cette obéissance, mais qu'il sache bien que plus tard, il lui faudra souvent faire abnégation de sa volonté, et qu'après vous il aura à se soumettre à ses professeurs, plus tard à ses patrons, à ses chefs, ou autres supérieurs, et qu'il devra comme tout le monde se plier aux exigences de la vie. Quelques-uns nous donnent à cet égard une peine infinie, et il nous faut souvent une certaine dose d'imagination, et de diplomatie, pour vaincre leur obstination et leur malice. Une de mes sœurs me fournit à ce sujet, un exemple que je me promis de suivre à l'occasion.

Monsieur mon neveu était à l'âge de sept ans, le gamin le plus entêté et en même temps le plus gourmand que l'on puisse voir. Comme il est toujours bon de tirer parti d'un défaut en attendant que l'on parvienne à le déraciner, ma sœur résolut de l'employer comme moyen de punition ; et un jour après une désobéissance très grave, elle lui dit sévèrement : Puisque tu es si méchant, tu n'auras pas de dessert. — Ça m'est égal, murmura à demi-voix l'enfant mutin et boudeur, *je ne mangerai pas autre chose.* — A ton aise, reprit la mère sans plus y accorder d'attention, et l'obstiné, persuadé qu'il attrapait tout le monde, ne toucha à rien pendant le dîner,

malgré un appétit et un malaise bien visibles. Le lendemain
à déjeuner, le petit démon, comptant sans doute sur l'inquiétude qu'il avait dû causer la veille, dit avec beaucoup
d'aplomb avant de se mettre à table : Moi, *je veux* du dessert,
ou je ne mange pas. — Mon enfant, dit le père tranquillement,
tu n'auras pas de dessert, pour deux raisons : d'abord parce
qu'il n'y en a pas à midi, ensuite parce qu'on ne doit pas
dire : *je veux*; tu m'entends bien? — Ça m'est égal, répéta
encore l'entêté, je ne mangerai pas, et il tint bon. On le
laissa faire, cette fois encore, mais les parents très contrariés
se regardaient, ne sachant trop quel parti prendre A la fin,
la mère plus ingénieuse, trouva un biais. Laissez cela dans
la cuisine *pour le chat*, dit-elle à la bonne, lui passant une
assiette fort bien garnie, et un morceau de pain coupé à
l'avance, ce ne serait plus bon ce soir. Puis on l'envoya faire
une course, et l'on s'arrangea pour laisser l'enfant seul pendant un bon quart d'heure, en tête à tête avec les restes du
déjeuner; le chat, comme vous le pensez bien, fut largement aidé dans sa besogne, et grâce au subterfuge, l'estomac
de Mr mon neveu ne souffrit pas trop de son obstination :
mais il se souvint malgré cela de ses vingt-quatre heures
d'abstinence, et comme après tout on ne lui avait pas cédé, (il
le croyait du moins), il ne renouvela pas l'expérience, crai-
gnant qu'il ne restât pas toujours tant de choses *pour le chat.*

Et ils ne sont pas rares Messieurs les Bébés qui se rendent
volontiers malades *exprès, pour faire enrager...* mais leur
machiavélisme n'est pas si profond qu'on ne puisse toujours
lutter de ruse, et une mère intelligente trouve bien à sa disposition quelque moyen de dompter et assouplir ces petites
natures rétives, mais il faut une vigilance assidue et conti-
nuelle, sans quoi tout serait perdu.

Puisque nous en sommes au chapitre de la correction, croyez-moi ne *frappez* jamais... ou du moins n'employez ce moyen qu'à toute extrémité, et en dernier ressort. Les coups rendent l'enfant méchant et stupide, ils le déshabituent du raisonnement et de la persuasion, et même de l'affection... Il est bien difficile de frapper sans être un peu en colère, et je vous l'ai dit déjà: il ne faut pas que la punition ressemble à une vengeance. Vous avez d'ailleurs d'autres moyens d'action moins avilissants. Si votre enfant était paresseux et orgueilleux à la fois, ce qui n'est pas rare, ne flattez pas sa vanité, mais servez vous de son amour-propre pour secouer sa négligence; s'il est capricieux et boudeur, faites-lui comprendre que sa mauvaise humeur n'attrape personne, et que c'est lui au contraire qui en sera victime, etc. etc. Mais pour que tous ces petits moyens portent, il est nécessaire que l'enfant ait en vous une confiance pleine et entière et que pour ainsi dire il vous croie infaillible. Qu'aucun doute ne s'élève dans son esprit lorsque vous lui aurez dit c'est bien ou c'est mal: qu'il s'habitue à croire que vous ne pouvez vous tromper, au moins en ce qui le concerne. Une chose sous ce rapport est essentiellement nuisible au moral de l'enfant: c'est l'impression que lui causent les discussions entre parents, surtout lorsqu'elles ont lieu à son sujet. Il voit que l'on ne s'entend pas, ne sait plus que penser, et forcément doit supposer que l'un des deux est dans son tort. Par la même raison, évitez de critiquer devant lui le professeur ou la maîtresse d'école chargés de son instruction. Si vous avez quelque observation à faire, tâchez que ce soit à son insu, et si la direction était sérieusement défectueuse, changez-le de pension ou d'école, mais laissez-le toujours respecter l'autorité sous laquelle il se trouve placé. Connaissez-vous quelque chose de plus déplorable et de plus ridicule que ce refrain menaçant et stupide que l'on entend journellement dans les classes, principalement dans les écoles payantes: «Je dirai à Maman..... Papa viendra parler..... on me retirera..... ça sera bien fait » et d'autres jolies répliques de ce genre..... Que voulez-vous que deviennent au milieu de cela, les pauvres maîtresses? les sous-maîtresses surtout!.

N'ayez donc jamais l'air d'ajouter d'importance aux petits rapports que les enfants aiment tant à faire, dussiez-vous quelquefois en faire votre profit.

A plus forte raison devez-vous vous abstenir de ce travers d'une maladresse encore plus grande des parents disant à leurs enfants: «ne dis pas ceci à ta mère; ne parle pas de cela à ton père.» Non seulement il en profitera pour se donner de l'importance, et vous imposer ses petites volontés, mais encore il supposera, non sans quelque apparence de raison, que vous avez fait quelque chose de mal.

Mais de tous les défauts, celui qui doit le plus attirer votre attention, c'est le mensonge, et je ne dirai pas encore l'hypocrisie, mais la *sournoiserie*. A quoi vous servira toute votre autorité, si vous ne savez au juste de quelle façon l'employer et que ferez-vous de l'enfant que vous ne connaissez pas? Si le vôtre manifestait cette inclination fâcheuse, exagérez s'il le faut l'indulgence pour toute faute avouée spontanément, mais ne laissez jamais impunis les plus légers mensonges; surtout faites-lui comprendre qu'ils ne lui servent à rien qu'à lui attirer votre sévérité, et que malgré sa dissimulation, vous arriverez toujours à découvrir la vérité. Exigez qu'il vous regarde en face, et vous parle à voix haute et intelligible.

Ceci me remet en mémoire une petite scène, à laquelle j'assistai chez ma blanchisseuse, un jour que j'y étais entrée pour vérifier mon livre de comptes. Son aînée, une fillette de douze ans à peu près, rentra en pleurant très fort. Eh ben! qu'est-ce que tu as? dit la mère. — Maman... j'ai... j'ai perdu cinq francs... — Cinq francs? Comment que ça se fait? — C'est une pratique qui m'a payée avec une petite pièce en or... elle a glissé de ma poche... je n'y comprends rien... j'avais pourtant bien fait attention... — Ça, ce n'est pas sûr... Si tu avais bien fait attention, ça ne te serait pas arrivé!... enfin! ne t'arrache pas les yeux pour ça... quand on s'en jetterait la tête au mur, ça n'avancera à rien, n'est-ce pas? Plie-moi ce linge, allons, dépêche-toi. — Ce n'est tout de même pas juste, bougonna une petite apprentie à l'air très effronté qui travaillait à l'autre bout de la table : on ne lui dit rien à celle-là; et la petite Maria a été au pain sec l'autre jour pour deux sous. — Qu'est-ce que vous dites donc, là-bas, Mademoiselle mêle-tout, cria la blanchisseuse qui avait entendu, tout en ayant les yeux sur son livre. — Rien, Madame; je dis comme ça que cinq francs, c'est plus que deux sous, voilà tout... — Qu'est-ce que ça signifie, ça, plus ou moins?... vous êtes donc bien mal apprise, chez vos parents. Maria les avait pris *exprès* les deux sous, elle me les avait trichés sur une commission, et pour contenter sa gourmandise, encore! vous le savez bien, puisque c'est vous qui l'avez vue entrer chez l'épicier pour acheter des bonbons... Celle-ci a perdu son argent, est-ce que vous trouvez que c'est la même chose, vous?... Par exemple, si je savais que ce ne soit pas vrai... — Oh! maman, je t'assure... — C'est bon, ne recommence pas; un accident ça peut arriver à tout le monde... mais des *menteries*, et des *coleries*, ah mais non!...

Eh bien, ne trouvez vous pas que cette femme sans éducation (dans le sens habituel du mot) faisait preuve d'une droiture et d'une justesse d'esprit qui ne se rencontrent pas toujours même dans les classes plus élevées? Dans son gros bon sens et son honnêteté naturelle, elle savait distinguer le vice de l'étourderie, et tenait compte, non du résultat de la faute, mais du sentiment qui l'avait dictée.

S'il est indispensable de punir à l'occasion, il faut aussi savoir récompenser, et là du moins, le devoir est plus facile. Chaque fois que l'enfant aura fait un effort sur lui-même, témoignez-lui votre satisfaction par quelque chose qui lui soit agréable, non-seulement vous l'encouragerez à bien faire, mais voyant votre empressement à lui faire plaisir, il ne vous gardera pas rancune pour les punitions et les réprimandes, et comprendra qu'on ne veut que son bien. Par exemple, je ne vous conseille pas à lui prodiguer, ni à lui laisser prodiguer les compliments. En flattant outre mesure son amour-propre vous le disposez à la suffisance et à l'égoïsme, et vous paralysez les efforts qu'il ferait pour se perfectionner. Voyez plutôt les petits prodiges : presque tous restent en route, et ne réalisent pas les espérances qu'ils ont fait naître. Lors même que votre enfant montrerait des dispositions particulières pour quelque chose, contentez-vous de lui dire : c'est bien, mais laissez-lui toujours entrevoir qu'il a encore mieux à faire, et surtout qu'il ne se croie jamais autrement doué que les autres. — Puisque nous parlons des récompenses, laissez-moi vous dire un mot sur le chapitre des joujoux, auxquels on n'attache souvent pas assez d'importance. Le volant, la corde, le cerceau, et en général tous les jeux qui exigent du mouvement et de l'exercice, sont excellents pour les enfants des deux sexes, surtout dans la belle saison qui leur permet les amusements en plein air. Mais dans les journées pluvieuses, les longues soirées d'hiver, l'enfant privé de sa liberté, devient plus difficile à tenir et à distraire. Pour mon compte, je voudrais voir plus souvent aux mains des petites filles des poupées et des *ménages*. Après l'avoir laissée les premiers temps s'en amuser à sa guise, à mesure que ses petites mains gagneront en force et en adresse, montrez-lui à entretenir et à ranger le petit mobilier, la minuscule batterie de cuisine, à coucher, habiller et déshabiller son bébé de carton, enfin à confectionner elle-même ses vêtements et son linge. Sans doute, la pauvre poupée sera singulièrement fagotée pendant quelque temps; les corsages iront de travers, et les chapeaux seront ... d'une forme inconnue; mais les petits doigts de l'enfant s'habitueront déjà au maniement de l'aiguille, sa vue se formera insensiblement à l'harmonie des formes et des nuances, et plus tard, vous retrouverez dans les premières coquetteries de la jeune fille l'adresse et le goût que vous lui aurez inculqués tout en l'amusant. Pour les garçons, la tâche est plus difficile. Si vous ne voulez pas avoir à gronder et à punir sans cesse, ne lui donnez pas de joujoux bruyants que vous serez obligée de lui interdire à l'intérieur de l'appartement; il vous ferait immanquablement cette réponse d'une logique indiscutable :« Pourquoi qu'on me les donne, alors, si je ne peux pas jouer avec?» — L'ingénieuse industrie parisienne, si féconde en inventions de toutes sortes, vous offre un choix innombrable de jeux de loto, images découpées, soldats en miniature, casse-tête ou jeux de patience, souvent aussi instructifs qu'amusants. C'est à vous de savoir les proportionner à l'âge, à l'intelligence et au caractère de l'enfant. Mais souvenez-vous qu'il doit toujours avoir l'esprit occupé, intéressé ou amusé par quelque chose. Un proverbe, vieux comme le monde, nous dit que «l'oisiveté est la mère de tous les vices»; remarquez que l'enfant qui s'ennuie est à coup sûr insupportable quand il ne devient pas nerveux et méchant.

Puisque j'ai employé le terme, disons, si vous voulez quelque chose de la méchanceté. A part quelques exceptions, les enfants n'ayant pas eu le temps de souffrir, sont rarement foncièrement mauvais; ce qui ne les empêche pas d'être souvent cruels, et de justifier pleinement ce vers de la fable: Cet âge est sans pitié. Mais s'ils font le mal c'est souvent par taquinerie, par fanfaronnade, et parce qu'ils ne se rendent pas compte de la souffrance qu'ils produisent. L'enfant qui se sent petit et faible, s'imagine faire preuve de force en tourmentant quelque chose de plus faible que lui; il n'en faut pas moins combattre cette tendance, dès le plus jeune âge. Ne lui permettez jamais de frapper ou faire souffrir un animal quel qu'il soit; encore moins de faire pleurer un enfant plus jeune. Défendez-lui, plus sévèrement encore, de se moquer d'un petit camarade disgracié ou infirme, comme il s'en trouve hélas dans toutes les écoles, pauvres souffre-douleurs qui sont en même temps les crève-cœur de leurs mères. Excitez au contraire sa pitié pour tout ce qui souffre, apprenez-lui à se mettre à la place des autres, habituez-le à rendre tout les petits services qui sont en son pouvoir, et répétez-lui souvent que s'il est égoïste, les autres le seront aussi à son égard quand il aura besoin d'eux. Lorsque vous ferez une aumône, si légère qu'elle soit, faites-la par son entremise; envoyez-lui porter au malheureux le sou ou le morceau de pain qui ne se refuse jamais, votre offrande ainsi doublera de valeur, et le cœur de votre enfant s'ouvrira à la bonté et à l'indulgence dont vous et les vôtres serez les premiers à vous apercevoir dans l'avenir.

J'allais oublier un défaut moins grave, mais qui pour les

garçons surtout peut avoir des conséquences fâcheuses, la
poltronnerie. Habituez l'enfant tout doucement et sans heur-
ter sa sensibilité, à s'approcher des animaux innoffensifs, et
dont il aurait malgré cela une peur irraisonnée, à traverser
une pièce obscure, si les ténèbres l'impressionnent outre
mesure, en lui prouvant d'abord, par votre présence et par
votre exemple qu'il ne court aucun danger. A mesure qu'il
prendra de l'âge, faites lui sentir le ridicule de la pusillani-
mité *chez un homme*, et l'enfant qui veut à toute force *être
un homme*, se piquera d'amour-propre, surmontera ses
craintes, et commencera par affecter une bravoure qui peu à
peu deviendra réelle par la force de l'habitude. Un peu plus
tard encore, servez-vous des exemples de l'histoire qui seront
à sa portée pour lui faire admirer les hauts faits d'abnégation
et de courage, lui inspirer le respect et la fierté de nos gloires
françaises. Les lois aujourd'hui sont égales pour tous; que
vous le vouliez ou non votre fils sera soldat à son heure.
Laissez-le donc accomplir ce devoir sans révolte et sans faiblesse; il n'en sera pas plus malheureux, au contraire, et le
pays vous saura gré un jour, de lui envoyer des hommes au
bras solide et au cœur fort.

Méfiez-vous également du penchant à la jalousie, cette
autre maladie morale qui rend malheureux celui qui
l'éprouve... et ceux qui l'entourent. Naturellement, ce vice se
développe davantage dans les familles nombreuses. S'il est
dans votre destinée d'avoir plusieurs enfants, faites votre
possible pour combattre cette tendance déplorable, mais surtout évitez de la faire naître par la moindre préférence, par
la plus petite injustice. Si vous avez à punir d'un côté et à
récompenser de l'autre faites en sorte que l'on *sache pourquoi*, et que vos enfants soient toujours bien convaincus que

7

vous ne donnez rien de plus *aux uns qu'aux autres ;* cette impression qui prend racine et persiste dans leur esprit, est la source de la plupart des inimitiés, et quelquefois même des haines qui divisent les familles. On a toujours mieux aimé ma sœur que moi... on a fait davantage pour l'avenir de mon frère que pour le mien... voilà le reproche perpétuel qu'on se jette de l'un à l'autre ; mais à qui s'adresse-t-il, sinon aux parents imprudents et injustes, qui n'ont pas su faire des parts égales de leur affection, de leurs caresses et de leurs sacrifices.

Puisque nous avons dit que votre enfant irait à l'école, je tiens à vous signaler un abus et un danger. N'avez-vous pas été comme moi, effrayée et écœurée en voyant chaque soir, après l'heure des classes, ces bandes d'enfants galopant les rues sans protection et sans surveillance ? Mais il faut bien qu'ils sortent, il faut bien qu'ils jouent ! disent les parents le plus souvent mal logés et peu à leur aise ; comment faire ? Remarquez d'abord que dans les rues, celles surtout qui sont petites et étroites, les enfants ne *jouent* pas, ils vagabondent. Gênés par les passants et les voitures, ils crient, se bousculent, tombent et se battent... et ce n'est pas tout ; où as-tu donc pris ces vilaines manières ? qui t'a appris ce vilain mot ? direz-vous un jour à votre enfant désagréablement surprise, et très fâchée. La réponse invariable est celle-ci : « C'est personne... je l'ai *entendu...* » — Où cela ? — « Dans la rue... » — et le pis est que quand ils l'ont *entendu*, ils le savent et le retiennent, bien mieux que tout ce qu'on voudrait leur faire apprendre, et qu'on a mille peines à leur faire oublier. Je ne vous parle pas des chutes, accidents de voiture ou autres dont les journaux nous mentionnent chaque jour de si lamentables exemples. Dans les premiers temps de mon mariage, j'avais pour voisine une ouvrière dentellière, toujours très affairée, accablée d'ouvrage, mais dont les journées, à son dire même, ne lui rapportaient pas quinze sous l'une dans l'autre grâce à son gamin, un démon de dix ans, turbulent au.possible. Elle perdait trois grands quarts d'heure tous les soirs, à le demander à tous les échos du quartier... l'école où il allait était à cinq minutes. Mais pourquoi donc n'allez-vous pas le chercher? lui dis-je un jour qu'elle se lamentait depuis une heure. — Je ne peux pas, Madame; j'ai de l'ouvrage... enfin, un grand garçon comme cela, il pourrait bien revenir tout seul. — Il le pouvait sans doute, mais il n'en faisait rien, et un jour, après l'avoir cherché plus longtemps que d'habitude, elle le trouva chez le pharmacien... il s'était cassé un bras. — Là comme ailleurs, il est à remarquer que l'égoïsme et la négligence sont un mauvais calcul; pour s'épargner un ennui, une fatigue légère on s'attire des tourments et des malheurs. Sans doute, les enfants ont besoin d'air, et les logements des grandes villes laissent bien à désirer à cet égard : mais il y a les squares et les jardins publics où ils s'amusent, *jouent* pour de bon, et se meuvent à leur aise. Si réellement le temps vous manque, pourquoi ne pas vous entendre avec une personne sérieuse qui y conduisant les siens prendrait en même temps les vôtres sous sa surveillance, quitte à lui rendre à votre tour le même service de temps en temps? En général, les mères de famille se comprennent, et sont complaisantes quand il s'agit des enfants.

Avant d'aborder la question de l'enseignement, je tiens à appeler votre attention sur une partie de l'éducation un peu négligée par les parents et les professeurs. On apprend aux enfants une foule de choses dont souvent ils n'auront que

faire, et on oublie la *bienséance et le savoir vivre* (1) si nécessaires dans *toutes* les situations de la vie ! Qu'importe
qu'ils ne sachent pas se tenir à table ou en société, pourvu
qu'ils connaissent les arts d'agrément, les sciences et les lan-
gues? et on ne s'aperçoit pas qu'aux yeux des gens vraiment
bien élevés, ce contraste est aussi choquant que le serait dans
la toilette un chapeau à plumes avec.... un tablier de cuisine !

En vous recommandant de respecter l'autorité des maîtres,
je n'ai pas voulu vous dire de vous désintéresser du temps
passé à l'école. Exigez et surveillez les devoirs donnés à la
classe, et si vous le pouvez, tachez de faciliter le travail par
vos conseils; quelquefois, il est difficile, chargé et fatiguant.
Ce serait peut-être ici le lieu de parler du surmenage, cette
question si tourmentée depuis quelque temps, mais cela nous
mènerait un peu loin; et que dire d'ailleurs, qui n'ait été écrit
et répété mille fois? S'il m'était permis de donner mon avis, je
crois moi, que l'origine du mal est surtout dans l'amour propre exagéré et égoïste des parents. On envie ce certificat d'é-
tudes, ce brevet ou ce diplôme, que l'on a vu obtenir à d'autres: il faut que l'enfant y parvienne à son tour, coûte que
coûte, et il y parvient souvent au prix de sa santé et de son
avenir. Ceci nous amène directement à la question capitale,

(1) Là encore, je suis obligée de vous envoyer aux ouvrages spéciaux tels que le « code de la civilité, l'art du savoir vivre » etc. On
doit comprendre que telle façon de saluer ou de se présenter qui est
de mise et même de rigueur dans un salon, serait souverainement
ridicule dans un atelier ou dans un magasin: les règles de la bienséance varient suivant l'âge, le milieu où l'on se trouve, et on doit
les enseigner aux enfants à mesure que les circonstance se produisent. Dans les petites villes de province il y a même une foule d'u-
sages particuliers à chaque localité qui ne se trouvent dans aucun
livre, et qu'il faut cependant connaitre et observer, si l'on ne veut
pas froisser les habitudes et les susceptibilités. En cas de doute, le
mieux est de faire comme tout le monde.

à l'heure critique et décisive, où il faut que l'enfant choisisse son *état*, c'est-à-dire son chemin dans la vie. Combien de malheureux gémissent dans l'humiliation et la misère, pour s'être trompés de route, et cela par la faute des parents imprudents ou coupables !... — Avez-vous assisté à un concours ou à une distribution de prix? Vous avez dû invariablement entendre quelque chose comme cela : « Ma fille *adore* la musique, elle en fera son état; je ne veux pas contrarier sa *vocation* , etc., etc. » *Sa vocation?*... En êtes vous bien sûre?... ne serait-ce pas plutôt son amour-propre... et le vôtre?... et ce goût si prononcé pour la musique, ne lui serait-il pas venu subitement, le jour où elle a assisté au petit succès de Mlle *** son amie?... N'importe c'est son idée; on s'imposera de nouveaux sacrifices, peut-être même des privations, elle le veut, elle commencera. Seulement, dès les premières leçons une maîtresse de piano consciencieuse vous dirait qu'elle a l'oreille fausse et la main mal faite, et ne fera jamais qu'une pianiste médiocre. Malheureusement, le *métier* est là, avec ses exigences..., on garde l'élève et on ne dit rien... et plus tard... ah! tant pis!...

Une autre (et elles sont nombreuses) veut à toute force être institutrice; que voulez-vous? cela lui plaît... Pourquoi? si l'on cherchait bien, ne serait-ce pas un peu, parce que fatiguée et ennuyée de se soumettre, elle ne serait pas fâchée de trôner au bureau comme *Mademoiselle*, et de commander à son tour? Triste *métier* encore que celui-là, où les places sont comptées désormais, mais où l'on ne compte pas les déboires et les déceptions. Une autre encore vous dira qu'elle veut être modiste ou couturière, uniquement parce que sa petite amie, son *inséparable*, a promis de la faire entrer à l'atelier ou au magasin avec elle. On lui cède comme toujours, et au bout de quinze jours la maitresse d'apprentissage *si elle est franche*, vous dit qu'elle manque de goût et d'adresse, et ne fera jamais qu'une triste ouvrière ; sinon, elle la garde, et lui fait passer ses journées en courses et en commissions...

Mais me direz-vous, il faut cependant tenir compte de la vocation... — Sans doute ; mais savez-vous au juste ce que c'est que la *vocation ?* Selon moi, ce doit être le goût sérieux, raisonné et persistant, d'accord avec les aptitudes. C'est fort joli, sans doute, d'avoir dans sa famille un bachelier, un docteur ou un avocat ; mais que *fera* votre fils à vingt-cinq ans, si muni de son diplôme de médecin, il n'a ni le sang-froid, ni l'adresse, ni l'autorité nécessaire auprès des malades ? ou si, sortant de l'école de droit, il lui manque pour être avocat le physique qui en impose, la facilité de parole qui entraîne et persuade ? Le diplôme est surtout affaire de travail et de mémoire ; l'exercice des fonctions exige certains dons naturels auxquels trop souvent on ne pense pas.

Et puis, il y a autre chose. Monsieur et Mademoiselle un tel sont bien arrivés, dites-vous ; pourquoi nos enfants n'auraient-ils pas le même bonheur ?... Pourquoi ? mais tout simplement, parce que si leurs parents avaient des relations pour leur créer une clientèle, des ressources pour les aider à l'attendre, il n'est pas sûr que vous soyez dans le même cas. Avez-vous compté d'ailleurs, tous ceux qui ne sont jamais arrivés, et qui n'arriveront jamais ? et alors, savez-vous ce qui se passe ? Le pauvre jeune homme d'autant plus déçu qu'il aura été davantage bercé par vos illusions, va grossir le nombre des solliciteurs d'administration ou d'antichambre, et finit par endosser l'horrible livrée de la misère en habit noir... la pire de toutes. La malheureuse jeune fille lasse, découragée, ne trouvant pas à utiliser l'instruction dont vous l'avez pourvue, après des déceptions sans nombre, prend un beau jour le chemin des déclassées qui mène... Dieu sait où. Et chose profondément triste, ces enfants malheureux par votre faute vous en voudront un jour; car enfin votre fille aurait pu faire une excellente ouvrière, ou se créer une situation dans le commerce; votre fils, mécanicien adroit ou bon dessinateur aurait gagné honorablement et largement sa vie... vous ne l'avez pas voulu..... Est-ce à dire qu'il faille paralyser les ambitions légitimes, et fermer les carrières à tous les enfants pauvres? Non certes; car il s'y trouve des intelligences d'élite et des natures privilégiées; mais au moins pesez toutes les chances d'avenir, et poussez votre enfant dans la *voie où il peut réussir;* faites surtout abstraction de toute vanité, de toute satisfaction personnelle. L'amour des enfants est le plus désintéressé de tous; nous devons les aimer pour eux et non pour nous; c'est la loi.

J'allais oublier de vous signaler un danger qui se produit presqu'invariablement entre quinze à vingt ans surtout pour les jeunes filles, je veux parler des camaraderies, des amitiés de classe et d'atelier, et des lectures; ces jeunes imaginations déjà en éveil ne se contentent plus de la vie calme et uniforme du foyer; elles cherchent au dehors des aliments nouveaux, des affections étrangères. Sachez toujours quelle est l'*amie intime* de votre fille; informez-vous de sa conduite, de sa moralité, de ses principes; et si elle a le malheur de mal choisir, n'hésitez pas, changez-la de milieu s'il le faut, mais faites en sorte de la soustraire à l'influence des mauvais conseils ou des idées malsaines si vite germées à cet âge. Pour les lectures, redoublez de vigilance. Ne laissez jamais à la portée de la jeune fille ces ouvrages tout d'imagination, qui lui feraient entrevoir la vie sous des couleurs exagérées ou fausses, faite d'événements qui n'arrivent jamais. Une fois lancée dans ces chimères, on se dégoûte du travail, on oublie son devoir, en attendant la réalisation de son rêve ; puis un beau jour on se réveille désenchantée et surprise devant les réalités de l'existence, désarmée et effrayée devant la lutte qui commence. Épargnez à votre fille cette déception si fréquente à la jeunesse ; occupez autant que possible ses loisirs ; habituez-la de bonne heure à se servir elle-même, d'abord ; plus tard, à vous seconder, à vous remplacer même dans les travaux de l'intérieur ; apprenez-lui tout ce qui vous a été si utile à vous même, car l'heure n'est pas éloignée où elle en aura besoin pour son compte. Vous n'avez pas oublié je pense une de vos anciennes compagnes, Lucie la savante, que nous appelions aussi Lucie *sans soin*, celle qui nous a tant amusées il y trois ans à la Sainte-Catherine ? Vous vous souvenez sans doute que pendant un de ses grands succès au piano, les petites placées derrière elle riaient tout haut de sa robe déchirée rajustée avec des épingles ? Après qu'elle eut fini, je m'étais fait un devoir de l'avertir, mais elle me répondit très naïvement que sa mère était malade, et qu'elle ne savait pas se raccommoder toute seule. J'ai eu l'occasion de la voir depuis son mariage, et je fus bientôt fixée sur son intérieur, si ce n'est sur l'avenir même de son ménage. Après m'avoir fait les honneurs de son appartement, elle me montra ses deux diplômes fort bien encadrés. Où faut-il que je les mette, Madame, me demanda-t-elle, dans ma chambre, ou dans la salle à manger ? — Au-dessus du buffet, dit le mari bourru et moqueur ; cela remplacera ce qui manque en dedans. Tu sais que voilà trois jours que tu m'obliges à prendre mes repas dehors... On voit bien qu'on ne demande pas de cuisine aux examens... Puis il ressortit grognon et

mécontent. Tout le travers de notre éducation moderne n'est-
il pas dans ces quelques mots?

Cependant, me direz-vous, la jeunesse a besoin de distractions; nous ne pouvons priver nos enfants de tout amuse-
ment, de tout plaisir. Non sans doute; mais il y a des plaisirs
permis et honnêtes, comme il y a des livres intéressants sans
être nuisibles... C'est à vous de choisir.

Pendant que nous sommes sur ce chapitre, il me reste une
recommandation à vous faire, et ce ne sera pas la moins importante de toutes. La coquetterie est le défaut dominant et
habituel des jeunes filles, si ce n'est des femmes en général,
et il serait je crois, inutile de chercher à le déraciner ou à le
combattre ouvertement. Tolérez donc dans la toilette de votre
fille un certain goût, une recherche relative ; mais pour Dieu
faites-lui comprendre que les bijoux, les dentelles et le velours n'ont jamais à proprement dire *embelli* personne ;
qu'une toilette simple, bien faite et de bon goût fait autant
ressortir les avantages physiques que les costumes les plus
chargés et les plus excentriques ; si vous la menez au théâtre
(ce qu'on ne doit faire que rarement, et avec la plus grande
circonspection), prouvez-lui qu'on passe la soirée tout aussi
agréablement aux places secondaires qu'aux premières loges ;
surtout répétez-lui souvent que les gens riches ont comme
nous leurs chagrins et leurs déboires ; qu'ils subissent comme
tout le monde, la maladie et la mort, qui, en somme, sont les
grands malheurs de la vie ; faites tout au monde enfin pour
combattre chez elle le désir exagéré d'un luxe et d'un bien-
être qu'elle n'aura probablement jamais... au moins par des
moyens légitimes. On dit partout que les femmes tombent
par misère... croyez bien que la moitié au moins tombent par
envie... On résiste aux étreintes de la misère (et les exemples

ne manquent pas); on ne lutte même pas contre le besoin de briller et de bien vivre qui s'empare de certaines âmes, et leur fait perdre le sens moral.

Vous vous étonnez peut être que depuis le commencement j'aie évité de vous parler de la question religieuse; c'est que je trouve qu'elle est de celles qui ne souffrent ni pression ni influence; je voudrais seulement que les parents fussent un peu plus d'accord avec eux-mêmes. Beaucoup parmi ceux qui ne croient pas à la religion pour leur compte, tiennent à ce que leurs enfants suivent les catéchismes, et satisfassent à l'usage de leur première communion sous prétexte que c'est bon pour la jeunesse, mais pour la jeunesse *seulement*. Je n'aime pas cet aphorisme. L'enfant a plus de logique qu'on ne pense; de deux choses l'une : ou il se moquera de ce qu'on lui enseigne, ou il vous croira dans votre tort, et je me souviendrai toujours d'une pauvre fillette qui fut inconsolable pendant l'année de sa première communion et pleura à chaudes larmes le jour même de la cérémonie, parce que ses parents n'assistaient pas à la messe du dimanche, et que M. le vicaire disait que c'était là un péché mortel, et qui conduisait en enfer. Sans doute vos occupations peuvent ne pas vous permettre l'assiduité aux offices, quelle que soit d'ailleurs votre conviction personnelle; mais donnez au moins à l'enfant la raison de cette abstention et surtout évitez devant lui la critique de la religion ou des prêtres, la moquerie des pratiques qu'on lui enseigne, d'ailleurs, de votre plein gré. Vous ne savez pas jusqu'à quel point cette contradiction de principes jette dans leur jeune intelligence le trouble et le désarroi.

Nous arrivons enfin à la dernière épreuve; à l'heure pénible mais prévue de la sépération, où votre enfant songera à s'établir, à se créer à son tour un foyer et une famille. Vous n'avez pas le droit de vous désintéresser de cet acte si sérieux duquel dépend le plus souvent le reste de l'existence. Seulement, le temps de l'autorité et de la soumission est passé. Vous pouvez guider son choix mais non lui inspirer le vôtre.

Si l'union projetée vous paraît mal assortie ou scabreuse, ne dites plus : je ne *veux* pas, mais il ne *faut* pas, et tâchez de convaincre et de persuader. Gardez-vous bien par des raisons d'intérêt ou d'ambition de passer par dessus une antipathie marquée. Souvenez-vous combien le devoir vous a été pénible, à vous qui aimiez votre mari, et vous êtes mariée de votre plein gré; comment voulez-vous qu'elle soit à la hauteur de sa tâche, la pauvre jeune femme qui aura à lutter contre un sentiment d'aversion et d'amertume et devra dissimuler ses idées et ses impressions? Respectez la liberté morale de l'enfant arrivé à l'âge de raison, qui doit maintenant savoir penser et vouloir par lui-même, et contentez-vous de l'aider en l'éclairant.

Si ayant fait tout cela, le résultat ne répondait pas à vos espérances; si ces êtres à qui vous aurez dévoué votre vie étaient malheureux ou ingrats, ce serait douloureux sans doute, mais du moins ne saurez vous jamais ce qu'il y aura d'amertume dans cette réflexion désespérante entre toutes, et que l'on entend si souvent hélas, dans la bouche des êtres souffrants : Tout cela c'est de ma faute! ah! si j'avais su! si j'avais pu prévoir! Prévoyez donc pendant qu'il en est temps encore, et quel quesoit l'avenir qui s'ouvre devant vous, ménagez-vous la suprême satisfaction du devoir accompli, la seule dont nous soyons les maîtres dans notre destinée.....

Mais ne nous appesantissons pas sur ces exceptions fatales, heureusement fort rares; pour vous, entrez hardie et joyeuse dans la voie nouvelle, et gardez le ferme espoir de retrouver le prix de vos efforts dans l'affection et le dévouement de ceux dont vous aurez fait et arrangé la vie, aussi heureuse qu'elle peut l'être.....

FIN

APPENDICE

..... Peut-être direz-vous après avoir lu ces pages : Pourquoi les avoir écrites? pourquoi nous répéter une fois de plus ces choses que nous avons toutes apprises par cœur, que tant d'autres ont écrites bien avant vous? — Pourquoi? mais dans l'espoir d'abord de vous les redire à propos, en venant vous les rappeler à l'heure même où elles vont vous être nécessaires, et à l'heure peut-être où vous y pensiez le moins tout en les sachant par cœur. Dans l'espoir surtout de ramener au courage et à la lutte les pusillanimes, et les faibles si souvent malheureuses par leur faute. La lutte est aujourd'hui une nécessité de l'existence. Écoutez plutôt : Littérature, romans, pièces de théâtre, partout on ne parle que de cela; Lutte pour la vie, pour l'argent, pour la gloire, c'est-à-dire pour le bonheur, que chacun comprend à sa manière. Allons-nous donc rester en arrière, et ne saurions-nous prouver une fois pour toutes, que notre faiblesse qui après tout n'est que physique (et encore!...) ne diminue en rien notre énergie, et qu'en raison même de notre infériorité apparente, nous savons, quand il le faut, faire double provision de volonté et de courage? De toutes les vertus, celle que j'estime le moins pour ma part, c'est la vertu négative et lâche de la résignation. Certes, la vie n'est pas une fête, et pour les plus favorisés, elle a des jours amers et des heures douloureuses; mais elle n'a à tout prendre que deux maux sans remède : la vieillesse et les infirmités, et la mort. Que l'on s'incline, se soumette et que l'on pleure devant ces grands malheurs inévitables, rien de plus naturel; mais partout ailleurs, il y a autre chose à faire. On lutte avec la maladie, par les soins et la vigilance; avec la misère, par l'initiative et le travail; avec les mauvais instincts d'autrui, par la finesse, la patience et le tact. On lutte même avec ses propres entraînements par la volonté et l'empire sur soi-même. Luttons donc, puisque c'est l'heure; luttons, quoi qu'il arrive, quoi qu'il advienne, la lutte ne servirait-elle qu'à entretenir les forces, à soutenir l'espérance, à empêcher le découragement. Il y a dans la résistance au malheur un soulagement, une joie amère, si l'on veut, mais réelle, que ne connaissent pas les abattus et les faibles qui s'abandonnent et s'engourdissent dans leur mal, sans s'inquiéter du terrible et inévitable réveil; il est bien rare d'ailleurs que les efforts continus n'amènent une amélioration quelconque, une victoire remportée sur quelque chose; n'est-ce pas alors une satisfaction immense que de se dire : Voilà ce que j'ai obtenu, voilà ce que j'ai fait! Luttons donc pour la vie, c'est-à-dire pour notre bonheur qui est bien souvent celui des autres, car les joies de la famille ne sont-elles pas les meilleures et les plus sûres, pour ne pas dire les seules véritables. Luttons pour nous et pour *eux*, pour eux surtout, nos maris, nos fils et nos frères, que la loi et l'usage ont consacrés nos protecteurs naturels, mais qui, en dépit de la loi et de l'usage, en dépit même de leur force, peuvent encore avoir besoin de nous..... Car la vie ne suit pas toujours son cours régulier et normal, et nul ne peut prévoir l'avenir. A cause de cela, soyons fortes, soyons prêtes, et que la lutte nous soit légère, pour le *BONHEUR* de tous!.......

MAISONS RECOMMANDÉES

POUR LE BON MARCHÉ, L'EXACTITUDE ET LE SOIN

DES COMMANDES

Imprimerie F. MAS, 194, avenue du Maine. -- Travaux d'impression en tous genres.

DAUSSIN, 4, rue Rambuteau, gravures, enseignes, cartes, lettres, etc.

Madame PICQUEMAL. -- Chapeaux, Modes, Coiffures.
3, rue de l'Odéon.

Mesdames LEMIRE & FOUCHARD. -- Robes et Costumes.
4, rue Lamartine.

Pianistes pour soirées dansantes ou lyriques. Prix modérés.
WILLEMOTTE, rue de l'Odéon, 8.
Même maison. -- Musique, Pianos. Vente et location sur place
(6 francs par mois)
Leçons à prix très modérés.

Chaussures pour Hommes et Dames
BOILEAU, 38, boulevard Saint-Michel.

Imp. F. MAS, 194, Avenue du Maine, Paris.

BIBLIOTHÈQUE
NATIONALE

CHÂTEAU
de
SABLÉ

1991